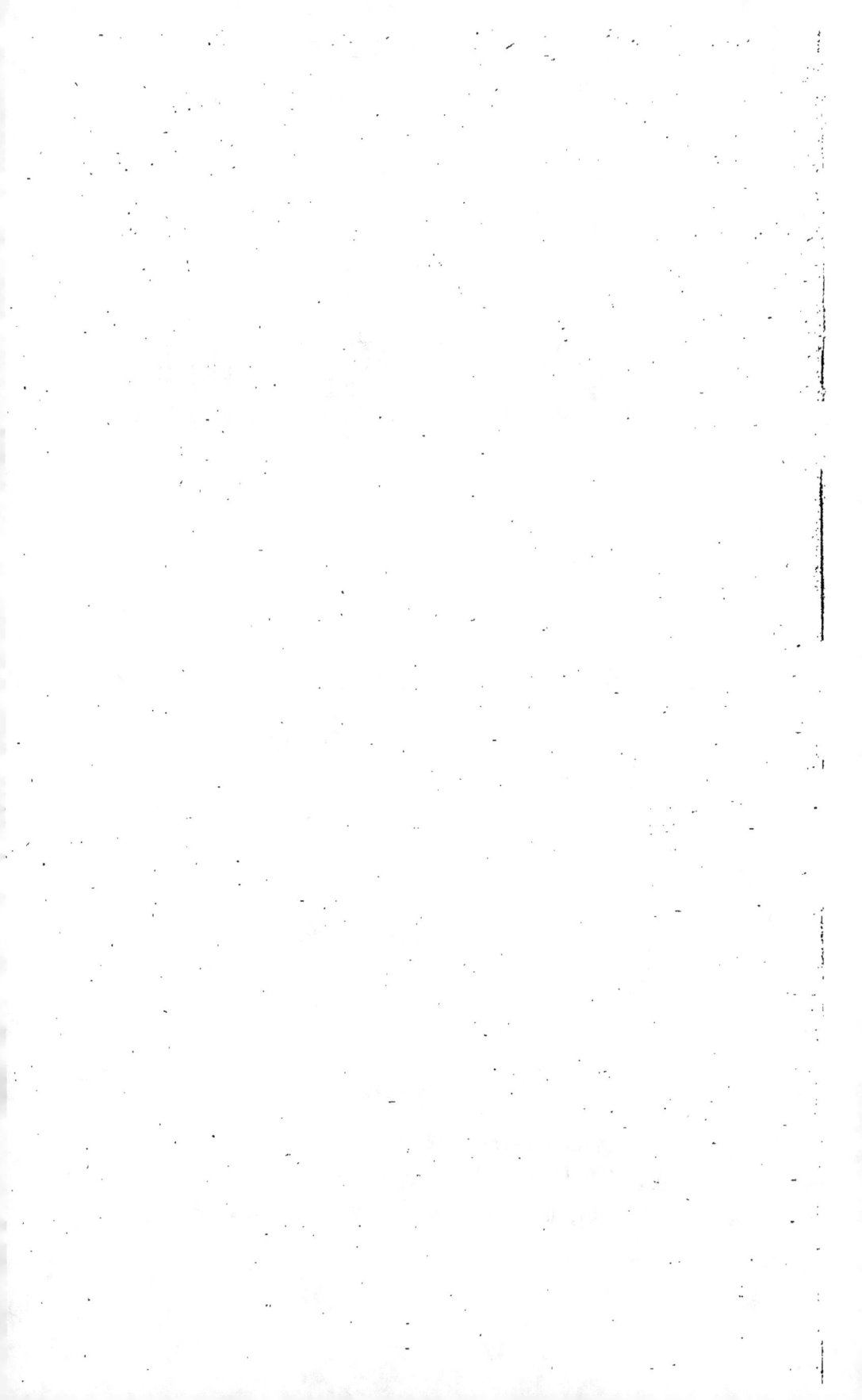

TRAITÉ DES
BREVETS D'INVENTION
I

DES

INVENTIONS BREVETABLES

Produits et moyens nouveaux.
Application nouvelle de moyens connus.
Caractères de la nouveauté.

PAR

HENRI ALLART

DOCTEUR EN DROIT
AVOCAT A LA COUR D'APPEL DE PARIS

DEUXIÈME ÉDITION

PARIS
LIBRAIRIE NOUVELLE DE DROIT ET DE JURISPRUDENCE
ARTHUR ROUSSEAU, ÉDITEUR
14, RUE SOUFFLOT ET RUE TOULLIER, 13

1896

8° F

8829

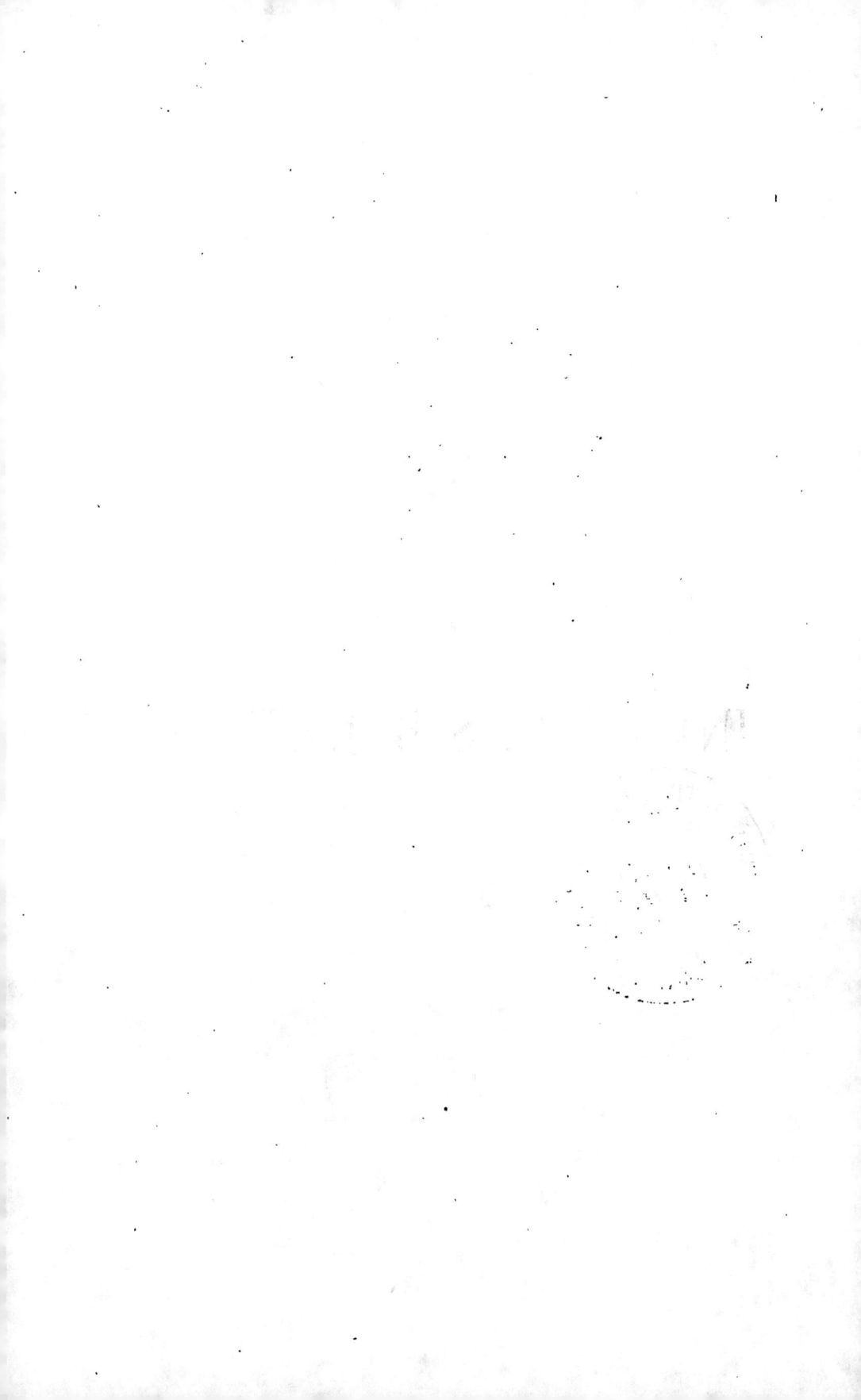

DES

INVENTIONS BREVETABLES

OUVRAGES DU MÊME AUTEUR

TRAITÉ DES BREVETS D'INVENTION

II. — De la propriété des brevets d'invention et de leur validité. — Demande et délivrance. — Transmission. — Nullités et déchéances, 1 vol. in-8°, 1887 . . . . 7 fr.

III. — De la contrefaçon. — Saisie. — Procédure civile et correctionnelle. — Moyens de défense. — Répression, 1 vol. in-8°, 1889 . . . . 6 fr.

Traité théorique et pratique de la concurrence déloyale, 1892, 1 vol. in-8° . . . . 7 fr.

De la pharmacie au point de vue de la propriété industrielle, in-18°, 1883. . . . . 3 fr. 50

TRAITÉ DES
BREVETS D'INVENTION
I

DES
INVENTIONS BREVETABLES

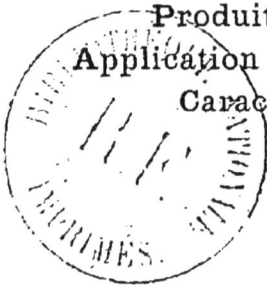

Produits et moyens nouveaux.
Application nouvelle de moyens connus
Caractères de la nouveauté.

PAR

HENRI ALLART

DOCTEUR EN DROIT
AVOCAT A LA COUR D'APPEL DE PARIS

DEUXIÈME ÉDITION

PARIS

LIBRAIRIE NOUVELLE DE DROIT ET DE JURISPRUDENCE

ARTHUR ROUSSEAU, EDITEUR

14, RUE SOUFFLOT ET RUE TOULLIER, 13

—

1896

INTRODUCTION

Parmi les questions si nombreuses et si diverses que comporte la matière des Brevets d'Invention, les plus intéressantes sont assurément celles qui sont relatives à la *brevetabilité*. Quelles conditions doit remplir une invention pour être brevetable ? C'est là en effet la question qui intéresse le plus vivement l'inventeur et qui se trouve soulevée en première ligne dans presque tous les procès de contrefaçon. Aussi avons-nous pensé que son étude pouvait faire l'objet d'un ouvrage spécial que nous avons complété plus tard en publiant un traité de *la Propriété des Brevets* et un traité de *la Contrefaçon*.

Depuis notre première édition des *Inventions Brevetables*, de nombreuses décisions judiciaires ont été rendues, des États étrangers ont modifié leur législation sur les brevets, et ceux qui n'en avaient pas ont cédé au besoin général de protéger les inventeurs. La nouvelle édition que nous présentons au public, a été mise au courant de la jurisprudence et des législations étrangères.

Nous avons conservé notre plan primitif : à la suite d'une étude doctrinale de la loi française, et un aperçu des législations étrangères, nous terminons par un exposé complet de la jurisprudence dont nous avons, afin de faciliter les recherches, coordonné les décisions en suivant l'ordre adopté par l'administration pour le classement des Brevets. De la sorte notre livre présente un caractère d'utilité pratique indispensable pour un ouvrage de cette nature, et dont les avantages ont déjà été appréciés par nos lecteurs.

DES INVENTIONS

BREVETABLES

PRÉLIMINAIRES

1. Qu'est-ce qu'une invention ?. — 2. Qu'est-ce qu'un brevet ?. — 3. Des différentes espèces d'inventions.

1. — Qu'est-ce qu'une invention ? — Toutes les conceptions de l'intelligence humaine peuvent se diviser en deux catégories : les unes appartenant au domaine des lettres et des arts, les autres se produisant dans la sphère de l'industrie. Les premières, dont nous n'avons pas à nous occuper ici, sont régies et protégées par la loi des 19-24 juillet 1793. Celles de la seconde catégorie, se subdivisent elles-mêmes en trois classes bien distinctes : tantôt elles ont pour objet la création d'un signe destiné à faire connaître et à garantir l'origine des produits du commerce ou de l'industrie ; ce sont les *marques de fabrique*, réglementées par la loi du 23 juin 1857 ; — tantôt elles consistent dans une combinaison de lignes ou de couleurs, de creux ou de reliefs donnant aux produits un aspect, une physiono-

mie spéciale : ce sont les *dessins et modèles de fabrique*, protégés par la loi du 18 mars 1806 ; — tantôt enfin, elles se
caractérisent par la production d'un résultat industriel ; ce
sont les *découvertes ou inventions*, garanties par la loi du
5 juillet 1844, qui vont faire l'objet spécial de notre étude.

L'invention peut donc se définir d'une manière générale :
une création de l'esprit se produisant dans le domaine de
l'industrie et se manifestant par l'obtention d'un résultat
industriel. Celle-là seule est susceptible d'être brevetée.

2. — Qu'est-ce qu'un brevet ? — Le droit de l'inventeur procède de la découverte elle-même ; mais ce droit
n'est reconnu et protégé par la loi, que s'il est constaté par
un titre officiel, qui est le brevet d'invention. Jusque-là,
en vain l'auteur de l'invention invoquerait-il, pour établir
sa paternité, les circonstances les plus probantes, les té-
moins les plus dignes de foi, s'il n'a pas pris de brevet, toute
protection lui sera fatalement refusée. Bien plus, s'il tarde
trop à remplir cette formalité, un autre pourra, s'emparant
de sa découverte, la faire breveter à son profit ; ou bien
son invention ébruitée, divulguée, tombera dans le domaine public où il sera désormais impossible de la reprendre.

Le brevet a donc un double but : il établit la priorité de
l'inventeur ; en outre, il constate l'existence, et fixe le point
de départ de son droit, dont la durée est limitée à quinze
ans, au maximum (1). On peut le définir : un titre officiel
indiquant l'heure, le jour, la nature et l'auteur de la découverte. C'est, en quelque sorte, l'acte de naissance de l'invention. Le préfet joue ainsi le rôle d'officier d'état civil : il
reçoit les pièces et enregistre la demande ; mais c'est au

---

(1) Le brevet peut être pris pour cinq, dix ou quinze années (art. 4, loi
du 5 juillet 1844).

ministre du commerce, qu'il appartient de délivrer le brevet dont la demande lui est transmise.

Le ministre chargé de faire cette délivrance, n'a pas à rechercher si l'invention est nouvelle et sérieuse; son rôle se borne à vérifier si la demande est régulièrement formée, si l'inventeur a produit toutes les pièces, et rempli toutes les formalités matérielles exigées par la loi. Autrement dit, l'administration délivre le brevet, *sans examen préalable*, aux risques et périls de l'inventeur, qui peut n'avoir entre les mains qu'un titre sans valeur légale, une véritable lettre morte. Pour qu'il n'impose pas au public, en lui faisant croire à l'existence d'un privilège ou d'un monopole protégé par l'autorité supérieure, la loi l'oblige, toutes les fois qu'il mentionne sa qualité de breveté, à la faire suivre des mots : « *sans garantie du gouvernement* » (1).

L'inventeur est donc en quelque sorte livré à lui-même, quand il prend un brevet. C'est à lui de s'enquérir si son invention est nouvelle et brevetable, si, en un mot, elle remplit les conditions voulues pour être protégée par la loi. S'il n'a pas fait avec soin cet examen préalable, et s'il a pris à la légère, un brevet sans valeur, les tribunaux, quand il voudra poursuivre des contrefacteurs, repousseront sa demande et même ses concurrents, sans attendre une poursuite, pourront s'adresser, de leur propre initiative, à la justice, pour faire prononcer la nullité de son brevet.

Il n'est pas toujours facile, comme nous le verrons dans le cours de cette étude, de préciser les caractères auxquels on reconnaît qu'un brevet est valable, car il n'est peut-être

_____

(1) V. l'examen des règles relatives à la demande et à la délivrance des brevets, t. II, nᵒˢ 65 et suiv.

pas de matière où la question de fait se présente sous des formes aussi multiples et aussi variées et où par conséquent l'application du droit soit plus délicate et plus ardue. Cependant le législateur a posé des principes que nous allons examiner ; puis la doctrine et la jurisprudence ont commenté et précisé ces règles qui devaient nécessairement revêtir une forme un peu large et générale dans un texte de loi où il n'était pas possible de prévoir toutes les hypothèses dont le champ est infini.

C'est en nous inspirant tout ensemble de la loi, de la doctrine et de la jurisprudence que nous allons essayer de tracer des règles qui permettent à l'inventeur de répondre lui-même à cette question si grave et si délicate : Mon invention est-elle brevetable ?

3. — **Des différentes espèces d'inventions.** — La loi du 5 juillet 1844 parle de « *découvertes et inventions* ». Ces deux mots n'ont pas rigoureusement le même sens grammatical : inventer, c'est produire une chose qui n'existait pas encore ; découvrir, c'est mettre en lumière une chose qui existait, mais qui n'était pas connue. Ainsi Pascal a inventé la brouette : Galvani a découvert l'électricité. Mais au point de vue légal, les deux mots ont la même signification et le législateur les emploie indifféremment ou plutôt il les associe toujours.

Il est une autre distinction qui a plus d'importance et que nous devons indiquer dès à présent : — L'invention peut se présenter sous des formes diverses : ici c'est un produit nouveau qui est découvert ; là c'est un moyen nouveau dont l'industrie se trouve dotée ; ou bien c'est un moyen connu auquel on fait jouer un rôle et produire un résultat pour lequel il ne paraissait pas destiné. Produit nouveau, moyen nouveau, application nouvelle de moyens

connus, telles sont les trois sources d'où découlent toutes
les inventions.

La loi du 5 juillet 1844 a fait elle-même cette classification dans son article 2 dont voici les termes :

« Seront considérées comme inventions ou découvertes
« nouvelles : L'invention de nouveaux produits industriels :
« L'invention de nouveaux moyens ou l'application nou-
« velle de moyens connus pour l'obtention d'un résultat
« ou d'un produit industriel ».

Avant d'examiner séparément ces trois classes d'inventions ou découvertes, nous allons faire connaître certaines
règles ou conditions générales qui sont applicables à chacune d'elles.

CHAPITRE I

RÈGLES GÉNÉRALES

4. — L'invention doit présenter un caractère industriel. — Pour qu'une invention soit brevetable, nous l'avons déjà vu, il faut avant tout qu'elle se produise dans le domaine de l'industrie. La loi du 5 juillet 1844 ne s'applique ni aux productions de l'esprit qui se rattachent aux beaux-arts, ni à celles qui appartiennent à un ordre purement scientifique. Les premières sont protégées par une loi spéciale ; quant aux autres elles n'ont droit à aucune garantie et leur auteur n'est récompensé que par l'honneur et quelquefois la gloire pouvant résulter pour lui de sa découverte. Ainsi le savant qui trouve la solution d'un problème de mathématique ou de géométrie, ne peut prétendre à d'autre récompense que la satisfaction d'avoir fait avancer la science à laquelle il consacre ses études. — Il faut en dire autant de toutes les conceptions théoriques et abstraites qui, dans quelqu'ordre d'idée qu'elles se produisent et quel que soit leur mérite ou leur importance, ne sont pas susceptibles d'être brevetées. Tel est par exemple un système de mnémotechnie ou de calcul, une méthode d'enseignement, un procédé de contrôle, un mode de publicité, etc., etc. (1).

Il a été jugé, en ce sens qu'on ne peut faire breveter ni une méthode de lecture (Cass., 22 août 1844. — Dalloz, *Rép. gén.* V° *Brev. d'inv.*, n° 82), — ni un système de publicité consistant dans des tableaux apposés au coin des rues (Paris, 14 mai 1880) (2), — ni un moyen de vérification de l'identité des personnes à l'aide de cartes photographiques (Paris, 5 févr. 1870) (3).

5. — Nécessité d'un résultat industriel. — Il ne suffit pas que l'invention se rattache à l'industrie, il faut encore pour être brevetable, qu'elle produise un résultat industriel. Ainsi, une combinaison de lignes ou de couleurs, ou bien une forme spéciale appliquée à un produit de l'industrie, ne peut faire l'objet d'un brevet valable lorsqu'elle n'est imaginée que dans un but d'ornementation. Ici la création offre un caractère industriel, mais on n'y rencontre pas le résultat, plus ou moins utile et effectif, qui est la condition essentielle de toute invention brevetable.

Ainsi encore, la découverte d'une loi naturelle, d'un principe de chimie ou de mécanique ne peut être valablement brevetée, alors même qu'elle serait un jour appelée à rendre d'éminents services à l'industrie. Tant que cette application pratique n'a pas été faite, tant que la découverte demeure confinée dans le laboratoire du savant, tant qu'en un mot elle n'a pas produit un résultat industriel, elle n'a pas encore acquis de droits à la protection légale.

---

(1) Pouillet, *Brev. d'invent.*, n° 9. — Nouguier, n°ˢ 554 et 558. — Calmels, n° 356.

(2) V. jurisprudence, citée à la fin du livre, n° 400.

(3) *Ibid.*, n° 394.

— Le législateur a posé lui-même cette règle dans l'article 30, § 3, qui déclare nuls « les brevets portant sur des « principes, méthodes, systèmes, découvertes et concep- « tions théoriques dont on n'a pas indiqué les applications « industrielles ». — Nous reviendrons d'ailleurs sur cette disposition pour en bien préciser le sens et la portée.

Qu'est-ce que le résultat industriel dont la loi fait une condition nécessaire à la validité du brevet ? C'est la somme des avantages que présente l'invention : s'agit-il d'un produit nouveau, c'est le service rendu par son utilisation industrielle ; s'agit-il d'un moyen nouveau ou d'une application nouvelle d'un moyen connu, c'est le progrès accompli dans la fabrication et se manifestant soit par une économie, soit par une supériorité du produit obtenu. Le résultat industriel peut même exister indépendamment de tout progrès, par exemple lorsqu'à un ancien procédé de fabrication, on en substitue un nouveau qui n'offre sur le premier aucun avantage ou même lui est inférieur. Tout ce que la loi demande, c'est un résultat quel qu'il soit, bon ou mauvais, utile ou non, mais un résultat matériel et tangible.

6. — **L'invention doit être industriellement réalisable**. — Il peut arriver que l'invention, par son objet et sa nature même, soit susceptible de produire un résultat industriel, mais que mal conçue ou plutôt mal exposée par son auteur, elle soit tout à fait impraticable. Ainsi, par exemple, c'est une machine dont les différents organes, exécutés suivant la description et le dessin annexés au brevet, ne sont pas susceptibles de fonctionner ; ou bien c'est une combinaison chimique, un procédé de teinture qui, en raison de l'imperfection ou de l'inexactitude des dosages, ne peut produire aucun résultat. Dans ces différentes hypothèses, le brevet sera-t-il nul ? Assurément. Une inven-

tion n'est pas digne de ce titre, quand elle est encore à
l'état d'embryon dans le cerveau qui l'a conçue ; elle ne
mérite la protection de la loi, que le jour où, arrivée à ma-
turité, elle est capable de produire des fruits, c'est-à-dire
un résultat industriel. Mais il ne faudrait pas exagérer
cette règle : une invention peut être brevetée alors même
qu'elle n'aurait pas acquis tout son développement, et
qu'elle serait loin de la perfection. Il est bien rare en effet,
qu'une découverte sorte, pour ainsi dire, toute armée du
cerveau de son auteur, et lui refuser droit de cité parce
qu'elle n'apparaît pas, dès le premier jour, dans toute sa
plénitude, ce serait prononcer un arrêt de mort contre les
inventions les plus utiles et les plus respectables. Le législateur a été si éloigné de cette pensée que, prévoyant le
cas où l'invention, à son origine, serait incomplète et défectueuse, il a reconnu expressément à son auteur le droit
d'y apporter par la suite tous les perfectionnements, additions ou changements, dont l'expérience lui suggérerait la
nécessité. — Pour le moment, il suffit que la découverte
soit susceptible de produire un résultat industriel aussi
imparfait, aussi rudimentaire qu'on veuille l'imaginer (1).

7. — **L'invention est brevetable, quelle que soit l'industrie à laquelle elle se rattache.** — La loi du 5 juillet
1844, dans son article 1er, déclare expressément qu'elle
protège les découvertes ou inventions dans tous les genres
d'industrie. Le tableau de la jurisprudence que nous don-
nons à la suite de cette étude, en observant la classification
adoptée par le ministère du commerce pour la publication
des brevets, montre toute la diversité des industries où
peuvent se produire les inventions, depuis l'agriculture,

(1) Pouillet, n° 13. — Blanc, p. 479.

jusqu'à l'article de Paris. Le législateur ne fait aucune distinction entre les plus grandes et les plus modestes industries : toutes sont protégées au même titre et de la même manière. Toutefois, il est fait exception, comme nous le verrons plus tard (1), pour la médecine et la pharmacie, dont les découvertes, dans l'intérêt de la santé publique, ne peuvent pas faire l'objet d'une appropriation privée (art. 3, § 1). — Le même article (§ 3) déclare non brevetables, les plans et combinaisons de crédit ou de finance (2), disposition qui paraît bien superflue, en présence de ce principe que l'invention, pour faire l'objet d'un brevet valable, doit avoir un caractère industriel et produire un résultat industriel, condition que ne présente ni le plan de finance, ni la combinaison de crédit. Enfin, et c'est là une dernière restriction, sur laquelle nous reviendrons, la loi ne permet pas de breveter les inventions contraires à l'ordre public et aux bonnes mœurs (3) (art. 30, § 4).

A part ces exceptions, toutes les découvertes sont susceptibles d'être brevetées, à quelque industrie qu'elles appartiennent. Aussi ne saurions-nous approuver une décision du tribunal de la Seine (4), qui déclare non brevetable un nouveau procédé d'embaumement, sous prétexte « que « le corps humain ne peut, soit avant, soit après le décès, « être réputé marchandise et rangé dans la classe des ob- « jets de l'industrie, quelque latitude qu'on veuille donner « aux mots : marchandise, industrie ». Presque tous les auteurs s'accordent pour critiquer cette décision et les motifs sur lesquels elle s'appuie (5). En effet, le véritable objet

(1) V. *infrà*, n° 62.
(2) V. *infrà*, n° 63.
(3) V. *infrà*, n° 64.
(4) Trib. corr. Seine, 14 mars 1844 (*Gaz. des Trib.*, 15 mars).
(5) Pouillet, n° 11. — Blanc, 480.

de l'invention, ce n'était pas le corps humain, mais bien le liquide employé pour l'embaumement. Or, on ne peut contester que la préparation de ce liquide ne soit du domaine de l'industrie. Si la théorie que nous combattons était admise, il faudrait l'appliquer à toutes les inventions qui ont pour objet l'alimentation du corps humain, car les mêmes raisons pourraient aussi bien être invoquées à leur égard. Une pareille conséquence, dont la nécessité s'impose, suffit pour condamner une exception que rien n'autorise et ne justifie.

7 bis. — **L'invention est brevetable, quelle que soit son importance.** — Toutes les inventions sont égales devant la loi qui les protège sans distinction, quelle que soit leur importance. Il en est de la découverte industrielle comme de l'œuvre d'art ou de littérature qui est garantie jusque dans ses manifestations les plus humbles et les plus modestes. Le législateur n'a pas voulu laisser aux tribunaux le soin si difficile et si délicat d'apprécier le mérite d'une invention qui du reste peut paraître, à son début, insignifiante et futile, alors que l'avenir lui réserve un succès inespéré. D'ailleurs, si la découverte est dépourvue de toute espèce d'utilité, elle n'apportera pas une entrave sérieuse à l'industrie, et l'inventeur abandonnera lui-même bientôt un brevet dont il lui faudrait payer les annuités sans profit ni compensation.

Il peut même arriver, comme nous l'avons vu en définissant le résultat industriel, que l'invention, au lieu de marquer un progrès, soit un véritable pas en arrière ; elle n'en est pas moins brevetable au même titre que la découverte la plus sérieuse et la plus utile. Il n'y a pas davantage à se préoccuper du mérite de l'invention et des efforts qu'elle a pu demander à son auteur : alors même qu'elle n'aurait exigé ni travail, ni étude, et qu'elle serait un pur produit du hasard, elle n'en aurait pas moins droit à la même protection que la découverte dont l'enfantement a été le plus laborieux. La doctrine et la jurisprudence sont unanimes pour poser cette règle et en faire l'application (1).

8. — **Nouveauté de l'invention.** — Pour qu'une invention soit brevetable, il ne suffit pas qu'elle présente les caractères indiqués plus haut, il faut encore, à peine avons-nous besoin de le dire, qu'elle soit nouvelle. La nouveauté, en effet, est de l'essence de l'invention. Nous examinerons plus loin (2) dans quel sens et dans quelle mesure la découverte doit être nouvelle pour pouvoir être valablement brevetée. C'est là une question des plus importantes dont l'étude sera mieux préparée et plus facile lorsque nous aurons passé en revue les différentes catégories d'inventions protégées par la loi.

---

(1) Pouillet, n° 15. — Blanc, p. 462. — Renouard, n° 66. — Calmels, n° 80.

(2) V. *infrà*, n°ˢ 51 et suiv.

CHAPITRE II

PRODUIT NOUVEAU

9. — Définition du produit. — Le produit industriel, dit M. Pouillet, est « un corps certain, déterminé, un objet « matériel ayant une forme, des caractères spéciaux, qui le « distinguent de tout autre objet » (1). Ajoutons qu'il doit être considéré en lui-même, indépendamment des moyens employés pour l'obtenir.

Quelques exemples feront bien saisir le sens et la portée de cette définition : une nouvelle matière colorante comme la *fuschine* (2), constitue un produit nouveau : de même un drap présentant l'aspect et le toucher du velours, comme le *drap Montagnac* (3) ; ou bien dans le même ordre

(1) Pouillet, n° 20.
(2) V. Jurisprudence, n° 247.
(3) V. Jurisprudence, n° 35.

d'idées, une *chenille à poils couchés* (1), offrant l'aspect de
la peluche ; ainsi encore les *cartes à jouer à coins arrondis* (2), ont été considérées comme produit nouveau, à
raison des avantages spéciaux qu'elles présentaient.

Il n'est pas nécessaire que le produit soit absolument
nouveau, c'est-à-dire seul de son espèce, sans similaire ou
analogue dans l'industrie ; il suffit qu'il se différencie par
des caractères distinctifs des produits de la même famille.
Ainsi, pour reprendre les exemples que nous avons cités
plus haut, il existait bien dans l'industrie, des cartes à
jouer, des chenilles, et des draps de genres divers, mais
ces objets avaient été modifiés, transformés en quelque
sorte, et ils étaient ainsi devenus de véritables produits
nouveaux, se distinguant par des avantages spéciaux des
objets analogues du domaine public.

**10. — Différence entre le produit brevetable et le
dessin ou modèle de fabrique.** — Le dessin de fabrique,
nous avons eu déjà l'occasion de le dire, est toute combinaison de lignes ou de couleurs destinée à être appliquée
sur un objet, pour lui donner un aspect, une physionomie
particulière ; le modèle est le dessin en relief : il consiste
dans la forme spéciale donnée à l'objet, dans ses contours
et sa configuration. Comme on le voit, le modèle ou dessin de fabrique peut paraître, au premier abord, présenter
une certaine analogie avec le produit brevetable. Mais il
s'en distingue au contraire profondément, et il est important, à un double point de vue, de bien établir la distinction. Tout d'abord, le créateur du dessin de fabrique, ou
l'inventeur du produit a le plus grand intérêt à connaître
exactement la nature de son droit ; car s'il se trompe de

(1) V. Jurisprudence, n° 76.
(2) V. Jurisprudence, n° 385.

porte et si, ayant fait une invention brevetable, il effectue un dépôt au secrétariat du Conseil des Prud'hommes, ou bien réciproquement si, ayant créé un dessin ou un modèle déposable, il prend un brevet d'invention, dans l'un et l'autre cas, il paiera de la perte de son droit une imprudence ou une erreur irrémédiable. D'un autre côté, l'industrie peut être intéressée à ce que la confusion ne se produise pas : la loi du 18 mars 1806 accorde, en effet, une protection perpétuelle au créateur du dessin de fabrique, tandis que la loi du 5 juillet 1844 limite à quinze ans le privilège de l'inventeur. Dès lors, si un produit brevetable était considéré comme modèle ou dessin, l'industrie verrait se perpétuer un monopole pouvant lui apporter une entrave sérieuse ; car à la différence du dessin qui, le plus souvent, est subordonné au goût du jour et au caprice de la mode, le produit offre de véritables avantages industriels qui, lui donnant une valeur intrinsèque, le font rechercher en tout temps.

L'avantage ou le résultat industriel nécessaire, nous l'avons vu plus haut, pour constituer l'invention, tel est le signe, le critérium qui permet de distinguer le produit brevetable du dessin ou modèle de fabrique. Toutes les fois qu'un produit de l'industrie, soit à raison de sa forme, de sa composition, ou de ses qualités spéciales, soit à raison de sa fabrication économique ou perfectionnée, procure un avantage qu'on ne trouvait pas dans les objets analogues du domaine public, c'est à la loi du 5 juillet 1844 qu'il faut s'adresser pour en obtenir la protection. Au contraire le produit se distingue-t-il par une combinaison de lignes ou de couleurs, par des contours imaginés uniquement dans un but d'ornementation, pour lui donner une physionomie spéciale, un cachet particulier, c'est la loi du 18 mars 1806

qui en garantit la propriété. Prenons un exemple qui fera
bien saisir la distinction : voici un papier de tenture orné
de dessins représentant des fleurs, des feuillages, ou des
sujets de fantaisie ; ce papier peut flatter l'œil par sa décoration plus ou moins heureuse, mais il remplit exactement le même but et procure le même avantage que tout
autre papier de même genre décoré d'une façon différente :
nous sommes bien ici en présence d'un dessin de fabrique.
Supposons maintenant un papier de tenture qui, au moyen
de couleurs et de reliefs concordant ensemble d'une façon
parfaite, donne une imitation exacte des étoffes tissées ou
brodées (1) ; ce papier, comme les autres, sera bien destiné
à recouvrir les murs des appartements, mais il pourra
remplacer l'étoffe dont il reproduit l'aspect, et cette substitution réalisera une économie c'est-à-dire un résultat
industriel ; c'est là précisément le signe caractéristique
auquel se reconnaît le produit brevetable.

Ainsi encore une forme nouvelle donnée à un bijou
constitue un modèle de fabrique ; car ici la forme est purement destinée à l'ornementation de l'objet. Au contraire il
faut voir un produit brevetable dans une lanterne phare
dont les dispositions intérieures sont combinées de manière à obtenir un grossissement et une plus forte projection de lumière (2) ; dans ce cas en effet la forme a été imaginée en vue de produire un résultat industriel.

11. — **Le même objet peut être protégé comme produit et comme modèle de fabrique.** — Il peut arriver
que la forme d'un objet soit destinée à son ornementation
et qu'en même temps elle produise un résultat industriel.
C'est par exemple un fermoir de porte-monnaie se distin-

(1) V. jurisprudence, n° 73.
(2) *Ibid.*, n° 287.

guant à la fois par son mécanisme spécial et par son aspect nouveau. Dans ce cas l'inventeur a droit à une double protection : celle de la loi du 5 juillet 1844 et celle de la loi du 18 mars 1806 ; la première limitée à 15 ans et la seconde pouvant être perpétuelle. Mais il arrive quelquefois que la forme est la conséquence nécessaire du résultat industriel avec lequel elle s'identifie et se confond. L'inventeur, dans cette hypothèse, pourra-t-il, le délai légal de son brevet étant expiré, revendiquer encore son modèle de fabrique ? Nous ne le pensons pas, partageant en cela l'avis de M. Pouillet qui, examinant la question, la résout en ces termes : « Notons toutefois que, sous prétexte d'avoir créé « un nouveau modèle, on ne pourrait pas, à notre sens, « usant de la prérogative de la loi de 1806, qui admet la « perpétuité de la propriété, en matière de dessins et de « modèles, monopoliser à jamais le résultat industriel, « conséquence de la forme choisie. En ce cas, la forme, « considérée comme invention, venant à tomber dans le « domaine public après quinze ans écoulés, ne pourra pas « rester dans le domaine privé, à titre de modèle de fabri- « que. Ce que le domaine public acquiert, ou plutôt con- « quiert, ne saurait lui être repris » (1).

Il en est autrement, bien entendu, si la forme et le ré- sultat industriel ne sont pas solidaires l'un de l'autre et s'il est possible d'obtenir le résultat sans prendre la forme du produit. Dans ce cas aucun principe ne s'oppose à ce que le modèle de fabrique survive au brevet tombé dans le domaine public.

12. — **Le changement de forme d'un produit est-il brevetable ?** — Nous venons de résoudre implicitement

(1) Pouillet, *Traité des dessins et modèles de fabrique* (2e édit.), no 32.

cette question en précisant la différence qui existe entre
le modèle et le produit brevetable. Si le changement de
forme apporté à un objet quelconque ne fait que modifier
son aspect et sa physionomie, il n'est assurément pas brevetable ; il le devient au contraire s'il produit un résultat
industriel. Rappelons ici l'exemple des cartes à jouer à
coins arrondis : il s'agissait bien là d'un simple changement de forme jugé brevetable en raison des avantages
qui en étaient la conséquence.

13. — **Changement de dimension.** — La dimension ou
la proportion d'un objet est un des éléments de sa forme :
ce que nous avons dit de celle-ci s'applique donc à la première. Sans doute il sera bien rare qu'un simple changement de dimension produise un résultat industriel, mais
le cas peut se présenter. Citons à titre d'exemple l'invention
de Sax qui, en supprimant les angles dans les instruments
de musique et en agrandissant dans une proportion définie
les rayons des courbes, a obtenu une modification notable
dans la production des sons (1).

Que si au contraire, comme il arrive le plus souvent, le
changement de dimension n'a aucune influence sur le résultat industriel, il ne peut être considéré comme brevetable. Ainsi on ne saurait voir une invention dans le fait de
fabriquer des bagues à charnière alors qu'il existait auparavant des bracelets de même système (2).

14. — **Changement de matière.** — Généralement les
qualités, les avantages d'un produit sont indépendants de
la matière dont il est composé. Changer cette substance
ce n'est donc pas créer un produit nouveau et faire une
invention brevetable. Il en est ainsi alors même que la

---

(1) V. Jurisprudence, n° 180.
(2) *Ibid.* n° 355.

substitution d'une matière à une autre produirait un certain effet général et nécessaire, inhérent à la substance elle-même, et se faisant sentir quel que soit l'objet auquel on l'applique. Ainsi ce n'est pas faire une invention que de substituer le fer au bois dans les châssis de couche (1). Sans doute le fer offre plus de solidité que le bois et son emploi peut être plus avantageux ; mais c'est là un résultat qui se produit nécessairement dans quelque circonstance que se fasse la substitution d'une matière à l'autre. — Au contraire, il a été jugé avec raison qu'il fallait voir un produit nouveau dans des résilles pour dames, confectionnées avec des cheveux alors qu'auparavant on employait de la soie (2). Ici, en effet, le changement de substance produit un résultat caractéristique spécial à l'objet dans lequel il intervient. La résille de cheveux est plus complètement invisible que le filet de soie et, comme elle est de la même nature que la chevelure elle-même, il s'ensuit que les corps gras agissent sur elle de la même manière. Ce sont là des avantages qui sont bien inhérents à la matière employée, mais qui se produisent à raison même de cet emploi et ne se rencontreraient pas dans d'autres applications.

15. — **Un produit naturel est-il brevetable ?** — « La « loi ne distingue pas entre le produit fabriqué par la main « de l'homme et le produit conquis par lui sur la nature (3) ». Après avoir énoncé cette règle dont l'exactitude est incontestable, M. Pouillet croit cependant devoir faire une distinction. Suivant lui, le produit naturel n'est pas susceptible d'être breveté, parce qu'il lui paraît inadmissible

(1) V. Jurisprudence, n° 1.
(2) *Ibid.*, n° 320.
(3) Pouillet, *Brev. d'inv.*, n° 24.

que l'inventeur heureux d'un semblable produit puisse le monopoliser à son profit exclusif. Cette raison nous semble peu concluante ; en effet, on pourrait citer des produits fabriqués par la main de l'homme dont l'utilité générale est de premier ordre et dont par conséquent le monopole est fort gênant pour l'industrie. Cependant, il ne viendrait à la pensée de personne de refuser la protection de la loi à ces produits qui la méritent au contraire d'une façon toute spéciale.

MM. Picard et Olin invoquent un autre motif à l'appui de la doctrine que nous combattons : « Ce que la loi, di-« sent-ils, a voulu protéger, ce sont les combinaisons de « l'activité humaine. Elle n'a pu vouloir donner une ré-« compense pour ce que la nature seule avait produit. On « peut donc poser, en règle générale, qu'il n'y a de choses « brevetables que celles où l'activité humaine entre comme « élément (1) ». Cette raison ne nous satisfait pas plus que la première ; elle a le tort grave de méconnaître un principe que nous avons déjà posé et sur lequel tout le monde est d'accord : à savoir qu'il n'y a pas à se préoccuper du plus ou moins de travail que l'invention a pu coûter à son auteur et que la loi protège les découvertes dues au caprice du hasard.

D'ailleurs, la question qui nous occupe, intéressante au point de vue doctrinal, n'a peut-être pas un grand intérêt pratique. En effet, la découverte d'un corps purement naturel sera extrêmement rare, et les auteurs en sont réduits à faire des hypothèses pour les besoins de la discussion. C'est ainsi que M. Pouillet suppose le cas d'un homme qui aurait trouvé une mine de sel et qui entendrait mo-

---

(1) Picard et Olin, *Traité des Brev. d'inv.*, nᵒˢ 94 et 99.

nopoliser exclusivement ce corps à son profit, quelle que fût sa source et quelle que fût son emploi. — Une découverte de ce genre sera bien rare assurément: mais si elle se produisait, nous ne verrions aucune raison suffisante pour refuser à son auteur la protection temporaire que la loi accorde à toute invention (1). — Presque toujours, la découverte du produit naturel est liée à une opération chimique, à une analyse qui le dégage du corps composé où il était en quelque sorte enfoui : le brevet porte alors à la fois sur le produit, qui est bien un produit de la nature, et sur les moyens employés pour le mettre au jour. Citons l'exemple de la *fuschine* (2), matière colorante tirée de l'aniline : celui qui le premier a découvert cette substance si utile à l'industrie a bien fait une invention susceptible d'être brevetée, et il a pu revendiquer en même temps le produit lui-même et la méthode imaginée pour l'obtenir.

Mais une substance étant connue, il n'y aurait pas invention à signaler de nouveaux gisements supérieurs aux autres. La jurisprudence l'a décidé ainsi à deux reprises différentes (3) et ces décisions ne sont nullement en désaccord avec notre théorie ; car un gisement qui renferme une matière connue ne saurait être considéré comme un produit nouveau ; c'est toujours le même corps dont les qualités peuvent être supérieures, mais dont la constitution et la nature ne sont pas modifiées.

15bis. — Application d'un produit naturel. — Les auteurs qui refusent la protection de la loi au produit naturel accordent néanmoins que l'application de ce produit, son

---

(1) Nouguier, n° 391. — Renouard, n° 62. — Warmé, p. 132. — *Contrà* Pouillet, n° 24. — Picard et Olin, n°ˢ 94 à 99. — Rendu, n° 13. — Patenôtre, p. 66.

(2) V. Jurisprudence, n° 247.

(3) V. Jurisprudence, n°ˢ 3 et 109.

utilisation en vue d'un résultat industriel déterminé, est
susceptible d'être brevetée (1). Observons que, avec ce
tempérament, leur opinion ne s'éloigne plus guère de la
nôtre. En effet, le produit de la nature n'est brevetable
qu'à raison des avantages qu'il peut offrir et des services
qu'il peut rendre à l'industrie. Un brevet serait donc radicalement nul s'il était pris pour un produit de ce genre
dont l'inventeur n'indiquerait aucune application industrielle.

C'est là d'ailleurs une règle générale à toutes les inventions, quelle qu'en soit la nature ; il n'y a pas de brevet
valable sans un résultat réel et tangible, un service rendu
à l'industrie.

16. — Phénomène naturel. — La question que nous
venons d'étudier pour le produit se pose pour le phénomène naturel, et nous ne croyons pas être inconséquent
avec nous-même en lui donnant une solution différente.
En effet, le phénomène, c'est une loi de la nature, un
principe qui, nous le savons, ne peut être breveté en lui-
même ; ou bien encore c'est un résultat qui, nous le verrons plus loin, n'est pas davantage susceptible d'être protégé par un brevet.

Mais, à peine avons-nous besoin de le dire, si le phénomène naturel n'est pas brevetable, il en est autrement des
applications industrielles qui peuvent en être faites. « Par
« exemple, dit M. Pouillet (2), qui songerait à contester
« que l'utilisation faite par Watt le premier, de la force
« élastique de la vapeur d'eau, c'est-à-dire la création de
« la machine à vapeur, constitue une invention au pre-
« mier chef ? Et, de même, qui voudrait refuser ce carac-

---

(1) Pouillet, n° 24.
(2) Pouillet, n° 58.

« tère à toutes ces merveilleuses applications de l'électri-
« cité que nous voyons chaque jour se produire sous nos
« yeux ? »

Dans ces hypothèses et autres analogues qu'on pourrait
multiplier à l'infini, l'inventeur ne se borne pas à constater
le phénomène, la loi de la nature, il la matérialise pour
ainsi dire, et lui donne un corps en lui faisant produire
des effets qui en sont bien la conséquence et le développement normal, mais qui jusqu'alors n'existaient pas. Que
si au contraire un effet naturel et nécessaire du phénomène s'était déjà produit, mais à l'insu de tous, celui qui
le premier en fait l'observation pourra-t-il prendre un
brevet pour cette découverte ? Non, car le phénomène
n'étant pas brevetable en lui-même, et d'autre part le
résultat industriel qu'il procure existant déjà, on ne conçoit
pas qu'il puisse y avoir matière à brevet. Ainsi, le cas s'est
présenté (1), une personne observe que les sels métalliques
employés pour la désinfection des fosses d'aisance opèrent
en même temps et nécessairement la séparation des matières solides et liquides de façon à créer un mode de
vidange par décantation. Cette découverte ou plutôt cette
remarque peut-elle créer des droits à un brevet valable ?
Les tribunaux devant lesquels la question a été posée, l'ont
résolue négativement et nous approuvons sans réserve
leur décision, car on ne saurait voir une invention brevetable dans le fait de signaler l'existence d'un phénomène
dont on ne modifie en rien les effets naturels.

17. — Propriété nouvelle d'un produit connu. — Est-
ce faire une invention que de découvrir et de signaler une
propriété nouvelle d'un produit connu ? Cette question,

(1) V. Jurisprudence, n° 2.

comme on le voit, présente la plus grande analogie avec celle que nous venons d'examiner à l'occasion du phéno- mène naturel, et elle doit être résolue de la même manière. Si, bien que non encore observée, la propriété du corps connu produisait déjà tous ses effets, celui qui le premier la remarque et la fait connaître ne peut être considéré comme un inventeur au sens légal du mot. Mais si la subs- tance connue se trouve pour la première fois placée dans de certaines conditions qui lui font produire un résultat nouveau, alors, comme dans le cas de l'application d'un produit naturel, il faut décider qu'il y a bien matière à brevet.

La question qui nous occupe fit l'objet d'une assez vive discussion au Corps législatif. Arago demandait formelle- ment que la découverte d'une propriété nouvelle d'un corps connu fût déclarée brevetable. A l'appui de sa thèse, il in- voquait l'exemple de Davy qui reconnut à la toile métal- lique entourant les lampes depuis longtemps en usage, la propriété d'isoler la flamme et de prévenir ainsi les explo- sions dans les mines, et celui de l'ingénieur français Sorel qui, éclairé par la grande découverte de Volta, reconnut que le zinc plaçait le fer dans des conditions électriques propres à le préserver de l'oxydation, alors même qu'il n'en recouvrirait pas toute la surface. Bien que longtemps avant Davy on eût fait usage, dans les écuries et dans les chaumières, de la lampe entourée d'une toile métallique ; bien que, plus d'un siècle avant la découverte de Sorel, Malouin eût conçu l'idée de revêtir le fer de zinc pour le préserver de la rouille, Arago demandait que l'idée de So- rel et celle de Davy fussent considérées comme breveta- bles. — Le rapporteur de la loi, Philippe Dupin répondit par une distinction qui nous paraît absolument exacte : la découverte de Davy serait susceptible d'être brevetée parce qu'elle a doté l'industrie d'un résultat nouveau. Sans doute la lampe entourée de toile métallique existait, mais personne n'avait songé à l'utiliser comme préservatif contre l'explosion des mines : c'était bien là faire application nouvelle d'un moyen connu que la loi, nous le savons déjà, met au rang des inventions brevetables. Quant à Sorel, il n'a rien inventé : avant lui on avait eu l'idée de préserver le fer de la rouille en le revêtant de zinc ; avant lui on avait appliqué ce moyen aux tuyaux destinées à la conduite des eaux. Sans doute on ne connaissait pas encore le principe en vertu duquel le revêtement extérieur des conduits suffisait pour garantir de l'oxydation l'intérieur même des tuyaux, mais le produit existait, le moyen était connu, si la cause ne l'était pas, et par conséquent il n'y avait pas invention brevetable.

Revenant à la découverte de Davy, il est nécessaire de bien déterminer la portée du brevet qui pouvait la garantir. Les lampes à toile métallique étant connues depuis longtemps, chacun aurait conservé le droit de les fabriquer et de les vendre pour les usages domestiques auxquels elle était autrefois destinée, mais le breveté seul aurait pu les employer à l'éclairage des mines. Il avait découvert une application nouvelle d'un produit connu ; son droit se trouvait naturellement limité à l'exercice exclusif de cette application spéciale (1). Ajoutons que Davy à qui tout le monde, en Angleterre, reconnaissait le droit de prendre un brevet, préféra doter immédiatement le domaine public de sa belle découverte. Il reçut pour prix du désintéressement les témoignages les plus éclatants de la reconnaissance de ses concitoyens.

(1) Blanc, p. 455 ; Pouillet, n° 61.

M. Pouillet estime que l'exemple de la lampe Davy, sur lequel a porté la discussion au Corps législatif, n'était peut-être pas très heureux, et que la brevetabilité de la découverte est contestable. « La lampe à toile métallique, en « effet, dit-il, était connue ; son but étant de donner de la « lumière, quel que fût, bien entendu, l'endroit où l'on « s'en servît, en plein air, comme dans une cave ou une « écurie. Qui pourrait même affirmer qu'on ne s'en fût « jamais servi dans une mine, et que jamais un ouvrier « mineur n'eût emporté avec lui, celle qui l'éclairait dans « la maison ? Employer cette même lampe, sans y rien « changer, à produire ce même résultat, mais l'employer « plus spécialement dans les mines, où est, quand on y « réfléchit bien, cette différence dans le résultat qui seule « fait l'application nouvelle ? » Nous pensons aussi qu'il eût été possible de choisir une espèce plus saisissante et plus topique, mais la critique de M. Pouillet ne nous semble pas pleinement justifiée. Nous écartons tout d'abord, l'objection consistant à dire que peut-être la lampe à toile métallique, avant la découverte de Davy, avait déjà été employée dans les mines. Car cet usage antérieur, s'il avait été établi, aurait enlevé à l'invention, le caractère de nouveauté nécessaire pour qu'elle fût brevetable. Mais la lampe descendue pour la première fois, nous le supposons, dans une mine, produit un résultat nouveau. Jusqu'alors, son but unique était de donner de la lumière ; désormais elle va, tout en éclairant le mineur, le garantir contre les dangers d'explosions si fréquentes et si redoutables ; elle va lui permettre d'accomplir son travail tranquillement, sans inquiétude, sans la crainte jadis constante d'un péril toujours imminent. Il y a là, suivant nous, au premier chef, le résultat industriel qui est la condition nécessaire de toute invention brevetable.

18. — **Le résultat nouveau n'est pas brevetable.** — Il importe de bien distinguer le produit du résultat. Le premier, nous l'avons dit plus haut, est un corps certain, un objet matériel ; le second est un effet, un avantage procuré soit par un produit, soit par un moyen nouveau ou une application nouvelle de moyens connus.

Le résultat considéré en lui-même, n'est pas une invention, quelle que soit sa nouveauté ; c'est la manifestation, la conséquence de la découverte, qui seule est brevetable.

Prenons un exemple : transmettre le son à distance, au moyen de l'électricité, voilà bien un résultat. Celui qui eût le premier posé le problème sans le résoudre, aurait pu, assurément, montrer la voie d'une découverte, mais il n'eût rien inventé par lui-même et on ne concevrait pas que, sous prétexte d'avoir indiqué ou entrevu un résultat, il eût émis la prétention de confisquer à son profit tous les moyens imaginés plus tard pour l'obtenir. Celui-là seul a mérité le titre d'inventeur et a pu se faire utilement breveter, qui, trouvant la solution du problème, a combiné un appareil capable de transmettre les sons à distance, par l'électricité.

Nous pouvons donc poser cette règle que le résultat n'est jamais brevetable en lui-même, quelle que soit sa nouveauté ou son importance ; le droit privatif ne peut porter que sur les moyens matériels employés pour l'obtenir.

19. — **Etendue du brevet pris pour un produit.** — A la différence du résultat, le produit est brevetable en lui-même, indépendamment des moyens employés pour l'obtenir.

Il en résulte que l'inventeur d'un produit peut interdire

à quiconque de le fabriquer, même à l'aide de moyens différents de ceux dont il fait lui-même usage. Ainsi, prenons l'exemple de la chenille à poils couchés qui, nous l'avons vu plus haut, a été jugée comme constituant un produit nouveau, susceptible d'être breveté (1). L'inventeur avait, dans son brevet, indiqué, pour obtenir le couchage des poils de la chenille, différents moyens, notamment le passage, à travers une filière chauffée, de la chenille préalablement humectée d'eau. Si un autre industriel imaginait, pour obtenir le même produit, un procédé absolument nouveau, dans lequel on ne trouverait aucun des éléments qui caractérisent le système de l'inventeur, il n'aurait pas le droit d'en faire usage ; car le brevet protège le produit lui-même, c'est-à-dire la chenille à poils couchés, quelle que soit la méthode employée pour sa fabrication.

Il peut arriver que le procédé nouveau constitue un perfectionnement, un progrès véritable ; son inventeur, comme nous venons de le voir, ne pourra cependant pas en faire usage. Mais il aura le droit de se faire breveter pour son système perfectionné, et d'en interdire l'emploi à l'inventeur du produit, conformément au principe écrit dans l'article 19, de la loi du 5 juillet 1844, ainsi conçu : « Quiconque aura pris un brevet, pour une découverte, invention ou application se rattachant à l'objet d'un autre brevet, n'aura aucun droit d'exploiter l'invention déjà brevetée, et réciproquement le titulaire du brevet primitif ne pourra exploiter l'invention, objet du nouveau brevet. » Le législateur a pensé que de la situation difficile, ainsi créée à deux inventeurs dont les brevets se complètent l'un l'autre, sortirait une entente et une alliance

_____

(1) V. Jurisprudence, n° 76.

nécessaires commandées par leurs intérêts réciproques.

Le brevet pris pour un produit peut également garantir le moyen indiqué pour son obtention, pourvu bien entendu que le moyen soit lui-même nouveau. Il y a là en effet deux inventions distinctes, deux matières à brevet. Si donc, pour une cause quelconque, le brevet était déclaré nul en ce qui concerne le produit, il n'en resterait pas moins valable pour le moyen qui a son existence propre et indépendante. Mais il est à peine besoin de faire observer combien est préférable et plus précieuse pour l'inventeur la garantie résultant du produit dont il peut interdire à quiconque la fabrication, par quelque procédé que ce soit.

CHAPITRE III

MOYEN NOUVEAU

20. Définition du moyen. — 21. Nouveauté du résultat. — 22. Étendue
du brevet pris pour un moyen.

20. — Définition du moyen. — « On entend par moyens
« dit M. Pouillet (1), les agents, les organes ou les procé-
« dés qui mènent à l'obtention soit d'un résultat, soit d'un
« produit. Les *agents* sont plus spécialement les moyens
« chimiques; les *organes* sont plus spécialement les moyens
« mécaniques ; les *procédés* sont les façons diverses de
« mettre en œuvre et de combiner les moyens soit chimi-
« ques, soit mécaniques ». Il est impossible de donner
une définition à la fois plus complète et plus précise du
moyen qui, aux termes de l'article 2 de la loi du 5 juillet
1844, constitue la seconde source des inventions brevetables.

Les moyens véritablement nouveaux dans le domaine
de la chimie ou dans celui de la mécanique, sont très rares, et l'on compte les inventions qui présentent ce caractère. La plupart du temps, en effet, la découverte consiste
dans l'application nouvelle de moyens connus, qu'il ne
faut pas confondre avec le moyen nouveau. Ce dernier,
pour mériter son titre, doit consister dans un agent, un

(1) Pouillet, n° 28.

organe ou un procédé qui n'existait pas et qui, par conséquent, n'avait jamais été employé pour obtenir un résultat
ou un produit quelconque. Quand au contraire le moyen
existait déjà et qu'on se borne à lui faire jouer un rôle
différent de celui qu'il remplissait auparavant, il y a simplement application nouvelle d'un moyen connu. — D'ailleurs cette distinction, toute doctrinale, n'offre pas un
grand intérêt pratique, puisque, comme nous le savons
déjà, l'application nouvelle et le moyen nouveau sont protégés de la même manière.

21. — **Nouveauté du résultat.** — Pour que le moyen
soit brevetable, faut-il que le résultat ou le produit qu'il
procure soit nouveau lui-même ? La loi répond à cette question en déclarant susceptible d'être brevetée *l'invention de
nouveaux moyens pour l'obtention d'un résultat ou d'un
produit industriel.* Comme on le voit, elle n'exige la nouveauté que pour le moyen, et non pour le résultat obtenu
qui doit seulement avoir le caractère industriel que nous
avons défini plus haut. Ainsi, avant Jacquard, on fabriquait
bien des tissus brochés, mais sa merveilleuse invention a
bouleversé cette industrie en substituant une action purement mécanique à un travail de l'homme fatigant et com-
pliqué, et en donnant au brochage une précision, une régularité inconnue jusqu'alors : son système de cartons
imaginé pour obtenir ce résultat constituait un véritable
moyen nouveau.

22. — **Étendue du brevet pris pour un moyen.** —
L'inventeur d'un moyen nouveau ne peut confisquer à son
profit le résultat, qui, nous le savons, n'est pas brevetable.
Son droit privatif est limité à l'agent, à l'organe ou au
procédé dont il a fait la découverte ; alors même que le
résultat obtenu par lui serait entièrement nouveau, chacun

n'en serait pas moins libre de le réaliser en employant d'autres moyens.

Mais le moyen appartient-il à son inventeur d'une façon exclusive et absolue, si bien que personne ne puisse en faire usage même pour produire un résultat que le breveté n'avait pas indiqué ou prévu ? L'hypothèse se présentera sans doute rarement, mais il suffit qu'elle puisse se présenter pour qu'il soit intéressant et utile d'examiner la question qu'elle soulève. M. Renouard reconnaît à l'inventeur le droit d'étendre à son gré, la portée du brevet pris pour un moyen nouveau. « L'inventeur de nouveaux « moyens et procédés, dit-il, peut s'en assurer par un bre- « vet l'exploitation exclusive, quels qu'en puissent être les « résultats ou les produits. Il peut aussi spécialiser l'ap- « plication de ces moyens et procédés et ne se faire bre- « veter que pour l'obtention de certains produits ou ré- « sultats ; c'est à lui-même à faire sa loi à cet égard en « demandant son brevet. Pour reconnaître s'il aura droit « à toute jouissance quelconque du procédé ou seulement « à la jouissance de certaines applications spéciales, il faut « recourir aux termes de la description jointe à la demande « du brevet (1) ». M. Nougier exprime la même opinion dans des termes identiques (2). Nous pensons au contraire que le droit de l'inventeur est limité aux applications de son moyen qu'il a prévues et indiquées. Il nous semble en effet inadmissible que l'inventeur d'un organe mécanique, par exemple un ressort, une vis, une soupape, etc., ait pu revendiquer toutes les fonctions diverses que cet organe était susceptible de remplir. Le moyen, à la différence du produit n'a pas d'existence propre et indépendante, il ne

---

(1) Renouard, n° 64.
(2) Nouguier, n° 409.

présente par lui-même aucune valeur industrielle et il faut pour le rendre efficace, pour l'animer, lui faire jouer un certain rôle, lui faire produire un résultat déterminé. C'est seulement en considération de cette fonction spéciale que le moyen est protégé. La loi d'ailleurs paraît trancher implicitement la question quand elle déclare brevetables les moyens nouveaux *pour l'obtention d'un résultat ou d'un produit industriel.* Cette formule implique bien la nécessité d'une relation entre le moyen et un résultat spécial qu'il est destiné à produire. Si le législateur avait entendu que le moyen fût protégé d'une façon absolue, il n'aurait pas manqué de le dire ou tout au moins, il n'aurait pas employé un langage qui justifie et même impose la portée restreinte que nous attribuons au brevet pris pour un moyen nouveau.

Toutefois, il faudrait se garder d'appliquer avec trop de rigueur la règle que nous venons de poser. Si l'inventeur ne peut confisquer à son profit toutes les applications du moyen pour lequel il s'est fait breveter, il a le droit de revendiquer celles qui sont la conséquence nécessaire, le développement naturel de son invention. Il n'est pas tenu, dans son brevet, d'énumérer tous les avantages que sa découverte est susceptible de produire ; et lorsqu'un résultat se manifeste qu'il n'a pas indiqué, qu'il n'a même pas prévu d'une façon spéciale, mais qui découle naturellement du moyen nouveau, on ne saurait l'en dépouiller sans injustice (1).

(1) Pouillet, n° 30 et 724.

CHAPITRE IV

APPLICATION NOUVELLE

23. — **Qu'est-ce que l'application nouvelle ?** — Si la
loi ne protégeait que les moyens absolument nouveaux,
la liste des brevets ne serait pas longue, et nombre d'inventions seraient déshéritées, qui, pour n'être pas complètement originales, n'en sont pas moins très intéressantes
et très utiles. Prendre un moyen connu et lui faire remplir
une fonction qui n'était pas la sienne, que personne ne
soupçonnait, c'est rendre un service à l'industrie, c'est
faire une application nouvelle essentiellement brevetable.
On peut même dire que toutes les inventions, à de rares
exceptions près, ont cette origine et présentent ce caractère. Combien de découvertes consistent dans des applications nouvelles de la vapeur ou de l'électricité qui sont
des agents connus depuis longtemps, et dont l'avenir révè-
lera peut-être encore des fonctions ignorées jusqu'à ce

jour ! L'industrie, qui ne dispose que d'un nombre nécessairement limité de moyens, est sans cesse alimentée par les applications nouvelles dont le nombre est infini et qui méritaient assurément la protection de la loi.

24. — Nouveauté du résultat. — Pour être brevetable, il n'est pas nécessaire que l'application nouvelle du moyen connu produise un résultat nouveau : il suffit que le résultat soit différent de celui qu'on obtenait autrefois par le même procédé. Ainsi, employer un moyen connu pour arriver à un résultat qui est également dans le domaine public, c'est faire une invention susceptible d'être brevetée, pourvu que le moyen dont on fait usage n'ait jamais servi à l'obtention du résultat qu'il produit maintenant, pourvu, en un mot, qu'il n'ait jamais rempli la même fonction. Prenons un exemple : un régulateur qui, jusqu'alors avait servi à régler l'écoulement des gaz, est employé pour régler l'écoulement d'un liquide (1) : l'organe était connu, le moyen également, mais ils ne s'étaient jamais, pour ainsi dire, trouvés en relation l'un avec l'autre. Celui qui le premier les a mis en présence a fait une application nouvelle au sens de la loi.

Il n'est pas nécessaire qu'il y ait entre le résultat obtenu par l'application nouvelle et celui que produisait autrefois le moyen connu une différence radicale et absolue (2). On peut même dire qu'il y aura presque toujours et nécessairement une certaine analogie entre les résultats divers obtenus par le même moyen, car une cause unique ne peut guère produire des effets absolument dissemblables. Les tribunaux apprécient souverainement si la différence du

(1) Paris, 1er août 1861. *Annales*, 63-263.
(2) Pouillet, n° 31.

résultat est assez sensible pour constituer l'application nouvelle.

25. — Emploi nouveau. — Lorsqu'un moyen connu est employé pour un autre objet ou une autre matière, sans modification dans le résultat obtenu, il n'y a pas application nouvelle, mais un simple emploi nouveau non brevetable. On ne trouve pas là, en effet, le changement de fonction qui est nécessaire pour constituer un droit privatif. La plupart des moyens étant susceptibles d'être appliqués à une foule de choses différentes, comprendrait-on qu'on pût se faire breveter pour chacune de ses variétés d'emplois, qui n'en modifient nullement la destination ? Ce serait multiplier à l'infini et sans raison des monopoles qui constitueraient autant d'entraves pour l'industrie.

La distinction entre l'application nouvelle et l'emploi nouveau est souvent assez délicate à saisir, mais à défaut de définition légale, on peut formuler cette règle : toutes les fois que le moyen connu joue le même rôle et produit le même résultat qu'auparavant, on est en présence de l'emploi nouveau ; toutes les fois, au contraire, qu'il se manifeste un changement dans la fonction du moyen et dans le résultat obtenu, on est en présence d'une application nouvelle. — Prenons deux exemples : un industriel imagine d'appliquer aux machines à laver la laine, pour agiter et faire avancer la laine dans l'eau, un système d'ailettes mobiles, employées déjà comme moyen de propulsion des bateaux à vapeur : c'est bien là faire une application nouvelle, car le moyen, l'organe connu, change essentiellement de fonction et produit un résultat différent (1). Au contraire, il faut voir un emploi nouveau dans le fait de

(1) Jurisprudence, n° 71.

mettre des roulettes à un fourneau, alors que depuis longtemps il existe des meubles à roulettes (1). En effet, les
roulettes jouent exactement le même rôle et procurent le
même résultat dans le fourneau que dans les autres meubles : elles en rendent le déplacement plus facile. L'objet
est bien changé, mais la fonction et le résultat industriel
sont toujours les mêmes : il n'y a pas matière à brevet.

26. — Tour de main. — Un moyen étant connu, on peut
le mettre en œuvre avec plus d'intelligence ou d'adresse,
de manière à obtenir un résultat meilleur, plus rapide ou
plus économique. Cette habileté d'exécution constitue ce
qu'on appelle le tour de main ; elle est du domaine de l'ouvrier ou du fabricant et non du domaine de l'inventeur ;
elle doit être considérée comme une qualité essentiellement
personnelle échappant par sa nature à toute idée d'appropriation exclusive. — « S'il s'agit d'un procédé chimique,
« dit M. Pouillet, y aura-t-il donc invention à choisir avec
« soin les corps qu'il met en jeu, à veiller à ce qu'ils soient
« purs, sans mélange, de première qualité, et, si les subs-
« tances réagissantes doivent être associées dans des pro-
« portions exactement déterminées, à s'assurer par des
« analyses répétées, que le but cherché est atteint ? S'il
« s'agit d'un mécanisme, aura-t-on fait une découverte
« parce que, en augmentant la force d'un ressort, le dia-
« mètre d'un volant ou la vitesse d'un rouage on aura ob-
« tenu un résultat meilleur ? Assurément non » (2).

Si l'habileté d'exécution se manifestait par des modifications sensibles, par des perfectionnements réels apportés
dans le procédé, elle cesserait, bien entendu, de constituer
un simple tour de main pour devenir une invention breve-

(1) Jurisprudence, n° 124.
(2) Pouillet, n° 41.

table. Il y a là une question de fait laissée à l'appréciation des tribunaux.

27. — Changement de forme, de matière et de dimension. — Nous avons déjà vu qu'en principe, un simple changement de forme, de dimension ou de matière n'était pas brevetable. Mais de même que ce changement peut, dans certaines circonstances, créer un produit nouveau, de même il peut constituer une application nouvelle. C'est ce qui arrive lorsque la substitution d'une matière ou d'une forme à une autre, produit un résultat industriel. Ainsi, les tribunaux ont vu avec raison des applications nouvelles susceptibles d'être brevetées : dans la courbure d'un étançon qui dispense d'enlever avec une palette la terre engorgeant la charrue (1) ; — dans un changement des proportions d'un instrument de musique, qui modifie d'une façon notable la production des sons (2) ; — dans la substitution d'une glace en verre aux tables en bois ou bien aux dalles en pierre et en ardoise employées pour la fabrication des billards (3), etc.

28. — Proportions et dosages. — Les combinaisons chimiques, à peine est-il besoin de le dire, sont brevetables : elles constituent même une source importante d'inventions. Supposons un procédé de teinture consistant dans la combinaison de différentes substances, mélangées suivant des proportions déterminées : celui-là fait-il une invention brevetable qui, conservant les mêmes substances, se borne à modifier leur dosage ? La question se résoud par la distinction dont nous avons déjà à maintes reprises posé le principe : si cette modification dans le dosage n'en-

---

(1) Jurisprudence, n° 4.
(2) *Ibid.*, n° 180.
(3) *Ibid.*, n° 388.

traîne aucune amélioration sensible du résultat, elle n'a aucun titre à la protection de la loi. Si, au contraire, elle se traduit soit par une économie des matières entrant dans la combinaison, soit par une perte de temps évitée, soit enfin par une augmentation de valeur du produit obtenu ; alors il n'est pas douteux qu'elle ne constitue une invention susceptible d'être brevetée.

29. — **Transport dans une industrie différente.** — Il n'est pas rare de voir un moyen transporté d'une industrie dans une autre où il n'avait jamais été mis en œuvre. Ainsi c'est un procédé en usage dans l'imprimerie du papier qui est appliqué pour la première fois à l'impression des peaux ; ou bien c'est une opération d'apprêt des étoffes qui est introduite dans l'industrie de la teinture. Ce transport d'une industrie dans une autre est-il brevetable ? Ici encore, il est impossible de répondre d'une façon absolue. — Le moyen ainsi changé de sphère et transplanté en quelque sorte, joue-t-il le même rôle et produit-il le même résultat que dans son ancien domaine, on est en présence non d'une application nouvelle, mais d'un emploi nouveau non susceptible d'être breveté. Au contraire, dans la nouvelle industrie où il est transporté, le moyen remplit-il une fonction différente de celle qu'il avait auparavant, le droit au brevet est incontestable. Il n'y a pas à considérer si les industries sont voisines ou éloignées : il peut arriver, en effet, qu'un moyen joue le même rôle dans deux industries complètement différentes, ne présentant entre elles aucun lien et aucun rapport ; réciproquement, il peut se faire que le même moyen produise des résultats différents dans deux industries tout à fait rapprochées et analogues.

30. — **Substitution du travail mécanique au travail manuel.** — Remplacer le travail de l'homme par celui d'une machine, c'est assurément apporter un sérieux progrès à l'industrie, mais est-ce faire une invention ? Oui, sans aucun doute, lorsque l'appareil autrefois employé a subi une transformation dont l'effet a été précisément de supprimer ou tout au moins de simplifier le travail manuel. Ainsi Jacquard a fait une invention en adaptant aux métiers à tisser antérieurement connus, son système de cartons qui a supprimé une main-d'œuvre coûteuse et pénible ; de même le jeune Potter qui eut l'ingénieuse idée de faire mouvoir, en utilisant la course du balancier, les robinets de la machine à vapeur dont la surveillance lui avait été confiée. Dans l'un et l'autre cas, la simplification du travail manuel était la conséquence d'une découverte, d'une combinaison mécanique nouvelle. — Au contraire, il n'y a pas invention lorsqu'une machine, un métier par exemple, actionné autrefois par la main de l'homme est mis en mouvement par la vapeur, sans que rien d'ailleurs soit modifié dans sa construction et son mécanisme. Qu'un volant soit mû par la main d'un ouvrier ou bien par une courroie de commande, la machine est toujours la même ; elle continue à produire le même travail, plus rapidement et plus économiquement sans doute, mais ce résultat est dû exclusivement à l'intervention de la vapeur dont il est fait non une application nouvelle mais un emploi nouveau non brevetable.

31. — **Application d'une idée théorique.** — **Brevets de principe.** — Nous savons déjà qu'une conception théorique n'est pas brevetable en elle-même ; la loi du 5 juillet 1844 le dit expressément (art. 30, § 3), et d'ailleurs c'est là une application de cette règle que l'invention, pour être protégée par la loi, doit avoir un caractère industriel. Mais si l'idée abstraite n'est pas susceptible d'être brevetée, elle le devient lorsque l'inventeur la fait, pour ainsi dire, descendre dans le domaine de la pratique en indiquant les applications industrielles qu'elle peut recevoir.

Celui qui découvre un principe et qui, en même temps, en fait connaître une application pratique, acquiert-il un droit absolu sur le principe lui-même ou bien son brevet est-il limité à l'application spéciale qu'il a indiquée ? Nous n'hésitons pas à nous ranger à cette dernière opinion et à méconnaître la validité de ce qu'on appelle les *brevets de principe*. Est-il admissible, par exemple, que Denis Papin ayant découvert la force élastique de la vapeur et ayant construit sa fameuse marmite ait pu, du même coup, confisquer à son profit toutes les applications de cette découverte si féconde ? Ou bien concevrait-on que Pascal, ayant reconnu la pesanteur de l'air atmosphérique, et appliqué ce principe à la construction du baromètre, ait eu le droit de s'en approprier toutes les autres applications ? Le bon sens proteste contre une pareille extension donnée à une découverte qui, quel qu'en soit le mérite, doit être maintenue dans les limites que lui a tracées son auteur lui-même. Celui qui trouve le principe ouvre bien la voie aux recherches et aux découvertes de l'avenir, mais il ne peut revendiquer que ce qu'il a lui-même découvert. Chaque application nouvelle du principe désormais connu, constitue une invention spéciale et indépendante qui mérite la protection de la loi. Aussi bien la loi de 1844, dans aucune de ses dispositions, ne reconnaît-elle les brevets de principe, qu'elle répudie au contraire de la façon la plus formelle en déclarant que le brevet est nul s'il porte sur un principe, une conception théorique dont on n'a pas indiqué les applications industrielles. C'est bien dire que le brevet est valable seulement pour les applications qu'il prévoit et revendique (1).

32. — **Application industrielle d'une expérience de laboratoire.** — L'industrie s'enrichit sans cesse des découvertes de la science ; tel produit, tel procédé dont l'usage est aujourd'hui universellement répandu, a pris naissance dans le laboratoire d'un savant. Est-ce faire une invention brevetable que de transporter une expérience scientifique dans la sphère de l'industrie ? La question est délicate : d'une part, en effet, on ne peut contester le mérite de celui qui le premier a fait sortir une découverte du domaine de la théorie pour la faire entrer dans celui de la pratique ; d'autre part, aux termes de l'article 31 de la loi du 5 juillet 1844, une invention n'est plus nouvelle lorsque, avant la demande du brevet, elle a reçu une publicité suffisante pour pouvoir être exécutée. Or l'expérience de laboratoire, en la supposant publique et connue, semble bien constituer un obstacle à la validité d'un brevet pris ultérieurement. — M. Pouillet n'hésite pas à décider qu'une invention n'est pas brevetable quand elle a fait l'objet d'expériences ou de publications même purement scientifiques. « Peu importe, à notre sens, dit-il, et à coup sûr nous avons « la loi pour nous, le lieu où la découverte a pris nais- « sance ; peu importe l'homme qui en est l'auteur ; labo- « ratoire ou atelier, savant ou industriel, cela ne change « rien au caractère de la publicité. Toute la question est « de savoir si la découverte du savant est susceptible de « passer telle qu'elle est sortie de son cerveau, telle qu'il « l'a conçue, dans le domaine de l'industrie ; autrement

_____

(1) Pouillet, n° 60. — Ruben de Couder, V. *Brevet d'inv.*, n°ˢ 116 et suiv. *Contrà*, Blanc, p. 459.

« l'article 31 est une lettre morte (1) ». Nous-même, dans un précédent ouvrage (2), nous avons partagé cette opinion ; mais après y avoir mûrement réfléchi, nous croyons devoir l'abandonner, nous ralliant du reste à une jurisprudence à peu près unanime. — L'argument tiré de l'article 31 de la loi ne nous semble pas, en effet, décisif. Sans doute le procédé, par exemple, la réaction chimique découverte et expérimentée dans un laboratoire, constitue désormais un moyen connu. Mais n'est-ce pas en faire une application véritablement nouvelle que de la transporter dans la pratique et de lui faire produire un résultat industriel ? Est-ce que ce moyen connu ne joue pas dans l'usine un rôle différent de celui qu'il jouait dans le laboratoire ? Est-ce qu'il ne produit pas surtout un résultat complètement nouveau ? L'expérience scientifique est comme l'idée abstraite, le principe qui peut bien être connu, mais dont les applications industrielles n'en sont pas moins essentiellement brevetables.

Il a été jugé, en ce sens, pour ne citer qu'un exemple mémorable, que la fabrication industrielle du rouge d'aniline, désigné sous le nom de fuschine, pouvait être valablement brevetée, encore bien que des chimistes eussent antérieurement constaté l'existence et la propriété colorante de ce produit (3).

D'ailleurs, observons-le en terminant, il sera bien rare que le procédé ne subisse aucune modification en passant de l'état d'expérience scientifique à celui d'application industrielle ; presque toujours cette sorte de transformation se traduira par une mise en œuvre différente, mieux en rap-

---

(1) Pouillet, nº 413. — *Id.* Blanc, *Prop. ind.*, nº 252.
(2) *Thèse sur les Brev. d'invent.*, nºˢ 122 et suiv.
(3) V. Jurisprudence, nº 247.

port avec la destination nouvelle du procédé. Mais, alors
même que cette différence ne se produirait pas, nous n'en
maintenons pas moins le principe que nous avons posé, et
nous estimons qu'il faut considérer comme une application
nouvelle brevetable, le transport d'une expérience de laboratoire ou d'une théorie scientifique dans le domaine de l'industrie. Il n'en serait autrement que dans le cas où le savant aurait lui-même prévu et fait connaître l'utilisation
industrielle de sa découverte ; dans ce cas, en effet, il est
bien évident qu'il serait à la fois l'inventeur de l'expérience
et de son application, et s'il les avait laissé l'une et l'autre
tomber dans le domaine public, personne n'aurait le droit
de s'en attribuer la propriété privative qu'il a dédaignée
lui-même.

33. — **Extension d'une industrie déjà existante.** — Il
arrive quelquefois qu'un procédé, une fabrication modeste
et insignifiante à l'origine, prend tout d'un coup une extension inattendue entre les mains d'un industriel qui en révèle tous les avantages et lui trouve de nouveaux débou-
chés. De grandes usines sont établies là où il n'existait que
des ateliers sans importance ; des machines nombreuses et
puissantes remplacent les appareils isolés et de faible dimension dont on faisait autrefois usage. Doit-on voir une
invention brevetable dans ce développement donné à une
industrie ? Assurément non ; sans doute il peut rendre un
service éminent à la société, celui qui fait sortir une fabrication utile de la situation inférieure et précaire où elle végé-
tait avant lui, mais il n'est pas inventeur, dans le sens légal du mot ; il n'a rien créé et ses capitaux ont plus servi
que son intelligence à donner ce nouvel essor à son industrie. Le résultat qu'il obtient sur une plus grande échelle
ne diffère en rien du résultat qui était produit auparavant

par des moyens moins puissants, et il ne peut pas prétendre avoir fait une application nouvelle comme celui qui,
s'emparant d'une idée abstraite, lui donne un corps et l'a-
nime, pour ainsi dire, en la transportant dans le domaine
industriel.

On peut donc poser cette règle que faire plus grand ce
n'est pas inventer, à moins, bien entendu, qu'à l'extension
du procédé ne corresponde une modification soit dans sa
mise en œuvre, soit dans le résultat obtenu ; auquel cas on
pourrait se trouver en présence d'une application nouvelle
essentiellement brevetable.

34. — Combinaison nouvelle d'éléments connus. —
Les moyens dont dispose l'industrie, soit dans le domaine
de la mécanique, soit dans celui de la chimie sont nécessairement limités ; leurs applications mêmes, si variées
qu'elles puissent être, ne se multiplient pas à l'infini ; mais,
en combinant les moyens du domaine public, en les associant de différentes manières, l'activité humaine trouve
pour s'exercer un champ presque sans bornes. Tantôt c'est
une machine composée de différents organes qui existaient
bien isolés dans d'autres appareils, mais qui n'avaient
jamais été réunis ; tantôt c'est une opération chimique consistant dans une combinaison de substances ou une série
de manipulations dont aucune n'est nouvelle, mais qui
n'avaient pas encore été associées ensemble. Cette réunion
d'éléments connus est-elle brevetable ? On n'en saurait
douter un seul instant. Prendre certains organes, agents ou
procédés qui étaient isolés, épars dans le domaine public,
les réunir, les combiner, c'est faire une application nouvelle ; car chaque élément joue, dans la combinaison, un
rôle différent de celui qu'il jouait autrefois isolément ; il

concourt à l'obtention d'un nouveau résultat. La doctrine et la jurisprudence sont unanimes à cet égard (1).

Les tribunaux placés en présence d'un brevet complexe, ne doivent dont pas se borner à l'examen séparé de chacun des éléments dont il se compose ; ils sont tenus, au contraire, de considérer son ensemble ; et alors même que tous les éléments isolés seraient dans le domaine public, ils n'en doivent pas moins déclarer le brevet valable, s'ils estiment que la combinaison est nouvelle et qu'elle produit un résultat industriel (2).

35. — **Juxtaposition d'éléments du domaine public.** — Il peut arriver cependant que les éléments du domaine public réunis et mis en présence continuent à remplir la même fonction qu'auparavant et que leur association complètement stérile ne donne aucun résultat appréciable. Dans ce cas, il n'y aurait pas une combinaison proprement dite, mais une simple juxtaposition non brevetable (3). Ainsi, supposons trois machines employées autrefois isolément, ayant chacune en conséquence un rôle bien distinct et bien déterminé. Un industriel imagine de réunir ces trois appareils dans son usine, de les faire fonctionner à côté l'un de l'autre sans rien changer à leurs agencements respectifs et sans établir entre eux un lien spécial. Il est impossible, on le comprend, de voir là une invention susceptible d'être brevetée : chacune des machines, en effet, conserve la fonction qui lui est propre et remplit le but auquel elle est destinée ; son rapprochement avec ses voisines offre une certaine commodité, mais il ne produit pas ce résultat

(1) Pouillet, n° 46.
(2) Id., n° 55.
(3) Pouillet, n° 53.

industriel différent, qui est nécessaire pour constituer l'application nouvelle (1).

Il est facile de distinguer la combinaison brevetable de la simple juxtaposition qui n'est pas protégée par la loi. Lorsque les éléments connus sont réunis d'une façon intime, de telle sorte que chacun d'eux exerce une influence sur les autres, la suppression de l'un détruisant l'harmonie et modifiant le résultat recherché, alors on peut être certain qu'il y a véritablement une combinaison brevetable. Quand, au contraire, les éléments du domaine public sont simplement rapprochés sans qu'aucun lien les unisse et les solidarise, si bien qu'un d'eux venant à disparaître, les autres continuent à jouer leur rôle comme par le passé, alors on est bien en présence d'une simple juxtaposition que la loi ne pouvait, on le conçoit, garantir.

36. — Simplification d'un procédé complexe. — Nous venons d'examiner le cas où des éléments connus sont réunis, combinés en vue d'un résultat industriel ; l'hypothèse inverse peut se présenter : une machine étant composée d'un certain nombre d'organes, l'un d'entre eux est retranché ; ou bien dans une opération chimique complexe, on supprime soit une substance, soit une manipulation. Doit-on voir dans ce fait une invention brevetable ? Si la suppression d'un organe ou d'un agent modifie le résultat obtenu auparavant, il n'est pas douteux qu'elle ne constitue une invention brevetable, au premier chef. Mais si le résultat est toujours le même, que faut-il décider ? La simplification d'une machine ou d'un procédé procure nécessairement une économie soit de temps, soit d'argent, et souvent même des deux à la fois : à ce titre elle mérite

(1) V. Jurisprudence, n° 211.

la protection de la loi. Il en serait autrement bien entendu, si elle était tellement minime et insignifiante qu'elle ne constituât aucune modification sensible et ne produisît pas une économie appréciable. Ce serait le cas d'appliquer cette règle qu'il ne faut jamais perdre de vue : pas de brevet valable sans un résultat industriel.

37. — **Interversion dans l'ordre d'opérations connues.** — Un procédé complexe étant dans le domaine public, supposons que, sans le simplifier, on se borne à intervertir l'ordre des différentes opérations dont il se compose. — Faudra-t-il voir dans ce fait une invention brevetable ? Une distinction est nécessaire (1) ; si l'interversion modifie le procédé, si elle augmente son rendement, si, en un mot, elle produit un résultat industriel, il est bien évident qu'elle présente les caractères d'une application nouvelle susceptible d'être brevetée. Si au contraire les différentes opérations, bien qu'interverties, continuent à jouer le même rôle et à donner en définitive le même résultat, on ne saurait voir une invention dans un simple changement sans importance et sans effet utile.

(1) Pouillet, n° 52 *bis*, v. note. — Picard et Olin, n° 173.

CHAPITRE V

BREVETS DE PERFECTIONNEMENT
ET CERTIFICATS D'ADDITION

38. — La loi protège les perfectionnements. — Il est bien rare qu'une invention soit véritablement originale et naisse pour ainsi dire de toutes pièces ; le plus souvent elle n'est qu'un perfectionnement apporté à une découverte antérieure. La loi devait, on le conçoit, protéger celui qui perfectionne au même titre que celui qui invente. Car si ce dernier enrichit l'industrie d'un produit ou d'un procédé nouveau, le premier développe et améliore un système qui pouvait être encore à l'état rudimentaire ; il rend plus efficace un moyen jusqu'alors imparfait. Son génie inventif est peut-être moins grand, mais son mérite ne saurait être contesté. Parfois même il est permis de se demander qui a

4

le plus de titres à la reconnaissance de l'industrie, de celui qui découvre l'idée mère d'une invention, ou bien de celui qui la perfectionne ou la féconde en multipliant ou améliorant ses résultats.

89. — Perfectionnement d'une invention tombée dans le domaine public. — Quand un procédé appartient au domaine public, soit qu'il n'ait jamais été breveté, soit que le brevet qui l'a garanti soit expiré ou déchu, il est bien évident que chacun est libre de le perfectionner et de prendre un brevet pour cette amélioration dont il est l'auteur. Quelles conditions devra remplir le perfectionnement pour être valablement breveté? Il ne consistera, bien entendu, ni dans un produit, ni dans un moyen nouveau, car alors ce serait une véritable invention originale. Il se manifestera par une addition, un changement, une modification quelconque apportée au produit ou au procédé du domaine public. Pour que cette modification soit brevetable, il faut, suivant la règle générale, qu'elle produise un résultat industriel, qu'elle réalise un avantage, un progrès appréciable et tangible : il faut en un mot qu'elle présente les caractères de l'application nouvelle dont elle n'est qu'une des formes multiples.

L'auteur du perfectionnement, à peine avons-nous besoin de le dire, ne pourra confisquer à son profit, le procédé lui-même : son droit est strictement limité à la modification apportée par lui au système connu dont tout le monde peut faire usage comme par le passé, à la condition de respecter son perfectionnement. Ce qui appartient au domaine public ne peut lui être enlevé, sous quelque prétexte que ce soit.

40. — Perfectionnement d'une invention brevetée. — Il arrive souvent que le perfectionnement se produit peu de temps après l'invention originaire dont l'expérience a révélé les imperfections ou les inconvénients. Deux hypothèses peuvent alors se présenter; ou bien c'est l'inventeur lui-même, le propriétaire du brevet primitif, ou bien c'est une autre personne qui découvre le perfectionnement. Nous allons examiner quels sont leurs droits respectifs; mais en attendant, nous pouvons poser cette règle que le perfectionnement d'une invention déjà brevetée, quel qu'en soit l'auteur, peut faire lui-même l'objet d'un brevet valable.

41. — Droits de l'inventeur qui perfectionne sa propre découverte. — Si chacun est libre de perfectionner les procédés du domaine public, à plus forte raison l'inventeur a-t-il le même droit sur sa propre découverte qui constitue en quelque sorte son domaine privé : chaque fois qu'il découvre un nouveau perfectionnement, il peut donc prendre un nouveau brevet. La loi du 5 juillet 1844 (art. 17) lui reconnaît expressément cette faculté. Mais c'est là un droit qui peut être pour lui fort onéreux. En effet, la prise d'un brevet oblige au paiement d'une taxe annuelle de cent francs, et l'on conçoit que l'inventeur reculerait devant une pareille dépense quand il s'agit d'une modification de minime importance apportée à son invention primitive, et surtout lorsque les perfectionnements se succèdent, comme il arrive parfois, fréquents et nombreux. Aussi la loi, à côté du brevet, a-t-elle mis un moyen de protection moins dispendieux : nous voulons parler du certificat d'addition qui n'est soumis qu'à une taxe de vingt francs une fois payés (art. 16).

42. — Certificat d'addition; ses avantages et ses inconvénients. — Nous venons de voir que le certificat d'addition avait sur le brevet de perfectionnement l'avantage d'être plus économique. Mais il présente certains inconvénients qu'il importe de signaler. Le certificat d'addition en effet n'a pas d'existence propre, indépendante ; il n'est qu'un accessoire du brevet principal dont il suit naturellement la destinée, expirant avec lui, soit qu'il arrive à son terme légal, soit qu'il se trouve auparavant frappé de nullité ou de déchéance. Au contraire, le brevet de perfectionnement n'est en aucune façon solidaire du brevet primitif auquel il survit sans partager ses chances de perte. Lorsque le perfectionnement suivra de très près l'invention originaire, il sera préférable de prendre un certificat d'addition qui coûtera moins cher et aura devant lui toute la durée du brevet primitif. Quand, au contraire, ce dernier sera proche de son terme légal, ou bien lorsque l'inventeur concevra des doutes sérieux sur sa validité, il vaudra mieux prendre un brevet de perfectionnement.

43. — Le certificat d'addition doit se rattacher au brevet. — Indépendamment des causes de nullité ou de déchéance qui, frappant le brevet, atteignent du même coup le certificat d'addition, celui-ci se trouve encore exposé à un cas de nullité qui lui est spécial : s'il porte sur un changement, perfectionnement ou addition ne se rattachant pas au brevet principal, la loi le déclare nul et sans valeur (art. 30 § 7). Avant de préciser la portée de cette disposition, il importe d'en faire connaître l'esprit. On dit généralement qu'elle a été édictée dans un intérêt purement fiscal, afin d'empêcher qu'on échappât au paiement de la taxe des brevets en rattachant les unes aux autres des inventions absolument distinctes (1). Il est incontestable que le législateur a voulu protéger le trésor contre une pratique

(1) Pouillet, n° 482.

qui n'aurait pas manqué de devenir générale. Mais telle n'a pas été assurément sa seule préoccupation : il a dû songer aussi aux tiers qui se seraient trouvés la plupart du temps dans l'impossibilité de découvrir une invention cachée sous le titre trompeur d'un certificat d'addition n'ayant aucun lien sérieux avec le brevet auquel on l'a rattaché arbitrairement. De la sorte, la publicité et la communication des brevets seraient complètement illusoires et l'obligation de donner à la découverte un titre exact et loyal serait trop facilement éludée (1).

Si la disposition qui nous occupe avait un caractère purement fiscal, nous n'hésiterions pas à l'interpréter de la manière la plus large et la plus libérale en faveur de l'inventeur qu'il serait injuste et rigoureux de rendre victime d'une erreur trop facile à commettre. Nous serions d'autant plus portés à une extrême indulgence qu'en définitive la nullité du certificat d'addition ne donne qu'une satisfaction bien platonique au trésor dont il s'agit de sauvegarder les droits. Mais l'intérêt des tiers qui peut être compromis comme nous venons de le voir, est plus sérieux, plus respectable que celui du fisc, et c'est lui qui doit nous servir de base pour apprécier sainement le caractère et la portée de la disposition écrite dans l'article 30 § 7 de la loi de 1844.

Quand l'objet du certificat d'addition est une conséquence, un développement normal de l'invention consignée dans le brevet, le lien, la relation exigée par la loi existe au premier chef. Ainsi par exemple, le brevet portant sur une combinaison chimique, un certificat d'addition sera valablement pris pour la substitution d'une substance à

---

(1) Patenôtre, p. 97.

une autre ou bien pour l'addition d'une matière nouvelle, le résultat ou le produit obtenu restant toujours le même. Ainsi encore, une machine étant brevetée, un certificat d'addition sera suffisant pour protéger soit un changement d'organe, soit une modification de mécanisme qui conserve à l'appareil son caractère et sa destination.

Mais pour être valable, il n'est pas nécessaire que le certificat d'addition soit uni au brevet par un lien aussi intime et par une aussi étroite solidarité. Il suffit que l'objet du certificat puisse être compris sous le titre donné au brevet lui-même. Supposons par exemple, un brevet pris pour un produit industriel, les perfectionnements apportés à la fabrication de ce produit sont valablement garantis par un certificat d'addition. De même, s'il s'agit d'une machine, un certificat d'addition peut être pris pour un organe qui, sans concourir directement au but principal de l'appareil, s'y rattache cependant par un certain lien. Ainsi, un brevet portant sur une machine à laver la laine, il a été jugé avec raison, qu'un organe propre à extraire mécaniquement la laine, au fur et à mesure de son lavage, pouvait être protégé par un certificat d'addition (1). Si cet organe, en effet, ne concourt pas d'une façon directe au lavage de la laine, il complète cependant l'opération à laquelle il se rattache suffisamment pour que le brevet puisse faire prévoir cette addition.

Quand, au contraire, le perfectionnement est de telle nature qu'il transforme l'invention originaire, ou bien lorsque l'addition est relative à un élément, ou un organe qui est complètement étranger à l'idée mère du brevet principal, lorsqu'en un mot, le titre de ce brevet ne peut nullement

(1) Douai, 15 mars 1875 (*Annales*, 76, 357).

faire pressentir une disposition nouvelle qu'on voudrait arbitrairement y rattacher, sous prétexte d'addition ou de perfectionnement, alors le certificat d'addition doit être rigoureusement déclaré nul. Tel est le cas où la modification apportée à l'invention primitive, loin de la perfectionner, la supprime au contraire, et la fait disparaître, en lui substituant une invention toute différente (1). Nous en dirons autant lorsque le certificat d'addition revendique un organe qui ne présente avec l'appareil breveté, aucune relation précise et logique. Ainsi par exemple, un brevet étant pris pour une machine à tisser les étoffes, un certificat d'addition ne protègerait pas un perfectionnement apporté aux courroies de transmission, ou bien à la chaudière du moteur. Ces organes sont bien matériellement reliés avec la machine à tisser, à laquelle ils donnent le mouvement ; mais, à part cette fonction générale qu'ils remplissent en toute circonstance, ils n'ont aucune relation avec la machine elle-même, et n'exercent aucune influence spéciale sur son fonctionnement.

M. Blanc estime que « le certificat d'addition peut être « pris pour un objet ajouté au brevet, c'est-à-dire étranger à « l'idée mère de l'invention, pourvu que cet objet se rat- « tache à ce qui est contenu dans le brevet (2) ». Nous croyons que cette formule est trop absolue. Supposons un brevet pris pour un système de fabrication de bouteilles, admettra-t-on qu'un simple certificat d'addition pût garantir un mode de bouchage ? (3) Avec la théorie de M. Blanc, il faudrait répondre affirmativement: car le bouchon d'une bouteille se rattache bien à ce produit lui-même. Mais à

---

(1) V. Trib. corr. Seine, 11 fév. 1862. *Prop. ind.*, n° 245.
(2) Blanc, n° 554.
(3) Paris, 18 janv. 1861 (*Annales*, 61, 261).

notre sens, la Cour de Paris a, dans cette espèce, justement prononcé la nullité d'un certificat d'addition dont l'objet constituait une invention spéciale et distincte de celle qui avait été primitivement brevetée. Le système que nous combattons pourrait conduire à des conséquences regrettables, en permettant de dissimuler sous le titre d'un brevet, des inventions qui n'ont aucun rapport, aucun lien véritable avec ce brevet lui-même, et qui par conséquent échapperaient aux recherches des tiers intéressés à les connaître.

44. — Droit des tiers qui perfectionnent une invention brevetée. — Nous avons dit plus haut qu'un tiers pouvait perfectionner une invention déjà brevetée par un autre. A peine avons-nous besoin d'ajouter que son droit se borne, dans ce cas, à prendre un brevet de perfectionnement et qu'il ne saurait se garantir par un certificat d'addition, rattaché à un brevet dont il n'est pas propriétaire. Il est bien évident aussi que le tiers perfectionneur ne peut pas se servir de l'invention principale, pas plus d'ailleurs que le titulaire du premier brevet n'a le droit d'employer le perfectionnement. Les deux inventeurs doivent se maintenir exactement chacun dans les termes de son brevet, sans empiéter sur leurs domaines respectifs. L'article 19 de la loi de 1844 leur impose expressément cette obligation. Il en résulte que le brevet de perfectionnement, au moins jusqu'à l'expiration du brevet principal, est comme une lettre morte entre les mains de son propriétaire qui ne peut pas en faire usage ; d'autre part, l'inventeur originaire peut avoir le plus vif intérêt à se servir du perfectionnement. Le législateur a pensé que de cette situation difficile pour l'un et l'autre sortirait une entente, une association entre ces deux inventeurs, sollicités à mettre en commun leurs idées et leurs moyens d'exécution.

45. — Droit de préférence accordé à l'inventeur pendant l'année de son brevet. — Quand une invention apparaît, on voit presque toujours surgir, dès le début, des perfectionnements auxquels l'auteur de la découverte n'a pas encore songé, pressé qu'il était le plus souvent de prendre son brevet. Permettre à quiconque de se faire breveter pour ces modifications apportées à l'invention originaire alors qu'elle est à peine sortie pour ainsi dire de la période de conception, c'eût été gravement compromettre les droits de l'inventeur qui, devancé dans la découverte d'un perfectionnement capital qu'il allait fatalement trouver lui-même, se serait vu dépouiller de tous les avantages de son brevet. Aussi, le législateur a-t-il pensé qu'il convenait de lui réserver un certain délai, pendant lequel il aurait un droit de préférence sur tous les perfectionnements apportés à son invention. Aux termes de l'article 18, de la loi de 1844, qui organise cette protection spéciale, « nul autre que le « breveté, ou ses ayants droit, ne pourra, pendant une « année, prendre valablement un brevet pour un change- « ment, perfectionnement ou addition à l'invention qui « fait l'objet du brevet primitif. — Néanmoins, toute per- « sonne qui voudra prendre un brevet pour changement, « addition ou perfectionnement à une découverte déjà « brevetée, pourra, dans le cours de ladite année, former « une demande qui sera transmise et restera déposée sous « cachet, au ministère de l'agriculture et du commerce. « L'année expirée, le cachet sera brisé et le brevet délivré. « — Toutefois, le breveté principal aura un droit de pré- « férence pour les changements, perfectionnements et « additions pour lesquels il aurait lui-même, pendant l'an- « née, demandé un certificat d'addition ou un brevet ».

Supposons, par exemple, qu'un tiers perfectionne l'invention primitive un mois après la demande du brevet ; de son côté, l'inventeur principal a pris dix mois plus tard, pour la même modification, soit un nouveau brevet, soit un certificat d'addition. L'année expirée, le pli cacheté sous lequel le premier brevet a été pris est ouvert, et l'inventeur, bien que devancé dans la découverte du perfectionnement, n'en est pas moins préféré au tiers dont le brevet est annulé. Que si, au contraire, l'année expire sans que l'inventeur se soit lui-même garanti le perfectionnement découvert et breveté par un autre, celui-ci se trouve exactement placé dans la même situation où il serait, s'il avait perfectionné l'invention plus d'une année après la date du brevet principal.

46. — Perfectionnements auxquels s'applique le droit de préférence. — Pour que l'article 18 de la loi de 1844 reçoive son application, il faut que le perfectionnement se rattache d'une manière directe au brevet principal, indépendamment duquel il ne peut s'exploiter. Ainsi, par exemple, c'est un organe d'une machine qui est ajouté ou modifié ; ou bien, dans une combinaison chimique, c'est un agent substitué à un autre. L'agent ou l'organe qui fait l'objet du perfectionnement se rattache bien d'une façon étroite et intime à l'invention principale, sans laquelle il n'a par lui-même aucune valeur et ne joue aucun rôle. Nous sommes donc bien ici dans les termes de l'article 18.

Mais s'il s'agit d'un perfectionnement qui transforme l'invention originaire en créant, soit une machine, soit une combinaison différente bien que produisant un résultat analogue, le breveté primitif ne saurait se prévaloir de son droit de préférence (1).

---

(1) Pouillet, n° 169. — Blanc, p. 484. — Bédarride, n° 246. — Paris, 17 février 1883 (*Annales*, 84, 113).

47. — **Perfectionnement d'un perfectionnement.** — Supposons que l'inventeur, pendant la première année de son brevet principal ou plus tard, prenne un brevet de perfectionnement ; ce second brevet donnera-t-il lui-même, comme le premier, ouverture au droit de préférence réglementé par l'article 18 ? Nous ne le pensons pas ; s'il en était autrement, l'inventeur aurait un moyen trop facile de prolonger indéfiniment un droit dont le législateur a voulu limiter la durée d'une façon précise : il lui suffirait pour cela de ne jamais laisser expirer une année sans prendre un brevet de perfectionnement qui, faisant revivre son privilège sur le point de s'éteindre, le conduirait ainsi jusqu'au terme du brevet principal. Pendant ce temps les tiers seraient dépouillés du droit qui leur appartient sans réserve, après une année, de perfectionner l'invention déjà brevetée. Il est impossible d'admettre une extension aussi abusive d'une disposition qui a sans doute pour but de protéger l'inventeur, mais qui certainement n'autorise pas cette façon détournée de prolonger la durée de son privilège (1).

48. — **Brevet sous pli cacheté.** — Aux termes de l'article 18, le tiers qui perfectionne une invention pendant la première année du brevet principal, doit former sa demande de brevet sous pli cacheté.

S'il manque à cette prescription, la loi déclare nul le brevet pris à découvert (art. 30, § 7). L'auteur du perfectionnement a donc le plus grand intérêt à remplir une formalité qui, loin d'être incommode, lui procure au contraire l'avantage de lui permettre de tenir son invention secrète pendant un certain temps.

49. — **Droit de l'inventeur sur les perfectionnements brevetés par un autre à découvert.** — Si le tiers perfec-

(1) Pouillet, n° 175. — Bédarride, n° 239. — *Contrà,* Blanc, p. 404.

tionneur, ne se conformant pas à la règle de l'article 18,
prend son brevet à découvert, quel sera le droit de l'inventeur principal? Pourra-t-il obtenir un brevet ou un certificat d'addition pour ce même perfectionnement qu'il re-
vendiquerait à son profit? Ou bien le brevet pris par le
tiers constituera-t-il une antériorité pouvant lui être opposée à lui-même?

La question est controversée; mais nous n'hésitons pas
à nous ranger à la seconde opinion. Pour qu'un brevet ou
un certificat d'addition soit valable, la première condition
c'est que son objet soit nouveau. La loi n'apporte à cette
règle absolue aucune exception; et rien, dans les termes
de l'article 18, n'autorise la dérogation au droit commun
qu'on voudrait y introduire. Cet article renferme deux dispositions bien nettes et bien précises : d'une part, obligation pour le tiers qui perfectionne une invention brevetée
depuis moins d'un an, de prendre son brevet sous pli cacheté; d'autre part, droit de préférence accordé à l'inventeur principal sur le perfectionnement qu'il a découvert et
garanti lui-même dans l'année par un brevet ou un certificat d'addition. Pour qu'il puisse exercer ce droit de préférence, il faut donc que le titulaire du brevet primitif ait
eu lui-même l'idée du perfectionnement breveté peut-être
par un autre, au moment où il le découvre, mais tenu secret par le pli cacheté. Si, au contraire, le perfectionnement est rendu public par la prise d'un brevet demandé à
découvert, l'inventeur originaire qui ne l'a point trouvé
lui-même et garanti avant cette publicité, ne peut ni le
revendiquer ni le faire breveter à son profit. L'article 18,
sainement interprêté ne lui confère nullement un pareil
droit qui, on ne saurait le méconnaître, serait exorbitant.
On ne conçoit pas, en effet, comment l'inventeur primitif

pourrait s'approprier un perfectionnement qu'il n'a point
le mérite d'avoir découvert. Son droit de préférence s'exerce
quand il se trouve en présence d'un tiers qui, ayant pris
un brevet sous pli cacheté, s'était ainsi créé un droit éven-
tuel, dont personne autre que lui n'avait connaissance ;
mais non quand il se trouve en face du domaine public qui
ne rend jamais ce qu'une fois il a conquis et auquel par
suite on ne peut enlever un perfectionnement divulgué par
la prise d'un brevet nul. Car, il ne faut pas l'oublier, le
brevet pris dans l'année à découvert est frappé de nullité,
et si l'inventeur principal ne peut se l'approprier, son propre titulaire n'a pas plus de droits sur lui. Ajoutons que
le breveté primitif pourra seul faire usage du perfectionnement que personne ne saurait exploiter sans passer sur
le domaine de l'invention originaire et par conséquent sans
se rendre contrefacteur. Il en résulte que l'inventeur principal retrouvera en fait le privilège que nous lui refusons
en droit ; mais il ne conservera ce monopole que pendant
la durée de son brevet à l'expiration duquel chacun sera
libre d'user du perfectionnement comme de l'invention
elle-même. A ce point de vue, la question que nous venons
d'étudier conserve toute son importance et tout son intérêt (1).

50. — **Cas où l'inventeur a divulgué lui-même son perfectionnement dans l'année du brevet.** — Nous avons
supposé jusqu'ici que l'inventeur primitif avait été devancé
dans le perfectionnement par une autre personne ayant
pris son brevet à découvert. La situation serait exactement
la même si ce tiers, au lieu de se faire breveter, avait exploité publiquement son invention ; dans l'un comme dans

(1) Pouillet, n. 171. — *Contrà*, Ruben de Couder v° *Brev. d'inv.*,
n° 301.

l'autre cas, l'inventeur originaire ne pourrait plus utilement revendiquer un perfectionnement acquis au domaine
public. Une troisième hypothèse peut se présenter : celle
où l'inventeur lui-même divulgue son perfectionnement
découvert dans l'année du brevet principal, avant de s'en
être garanti la propriété. Lorsque plus tard, mais avant
l'expiration de l'année, il prendra soit un certificat d'addition, soit un nouveau brevet pour ce perfectionnement,
pourra-t-on lui opposer la divulgation dont il est lui-même
l'auteur ? En principe, la publicité, quelle qu'en soit la
forme et l'origine, met obstacle à la prise d'un brevet ou
d'un certificat d'addition valable. L'article 18 de la loi de
1844, qui établit et réglemente le droit de préférence de
l'inventeur originaire apporte-t-il une exception à cette
règle ? Nous ne le pensons pas, et, suivant nous, la divulgation émanant de l'inventeur lui-même produit des effets
identiques à la publicité provenant du fait de toute autre
personne.

On a prétendu que le certificat d'addition pris dans l'année rétroagit au jour du brevet avec lequel il se confond,
de telle sorte qu'il serait valable malgré toute divulgation
antérieure, pourvu qu'il fût demandé dans le délai d'un
an. Si cette théorie était exacte, il faudrait logiquement
l'appliquer au cas ou la publicité résulte soit d'un brevet
pris à découvert, soit d'une exploitation émanant d'un autre que l'inventeur. Or nous avons vu qu'une pareille conséquence était inadmissible. D'ailleurs, rien dans la loi n'autorise et ne justifie cette théorie de l'effet rétroactif qui peut
être ingénieuse, mais qui n'a rien de juridique. — On insiste et l'on dit que l'inventeur ayant seul le droit de faire
usage du perfectionnement, il n'y a aucune raison pour le
rendre victime d'une divulgation qui, en définitive, ne peut

rien donner au domaine public. Nous répondrons d'abord qu'on pourrait en dire de même du perfectionnement découvert après la première année du brevet ; et cependant personne n'oserait soutenir que le certificat d'addition pris dans ces circonstances fût valable en dépit d'une divulgation antérieure. Et puis le domaine public n'est pas aussi désintéressé qu'on semble le croire : dans le système que nous combattons, l'inventeur, au lieu d'un certificat d'addition, pourrait aussi bien prendre un brevet de perfectionnement qui survivrait au brevet principal. Au contraire, suivant nous, dès que ce brevet est expiré, le perfectionnement tombera toujours dans le domaine public et chacun sera libre de l'exploiter (1).

(1) V. en ce sens, Toulouse 28 juin 1882 (*Annales*, 82-279). — Besançon, 25 mai 1881 (*Annales*, 82-265). — *Contrà*, trib. corr. Seine, 7 déc. 1859. *Prop. ind.*, n° 107, cité par M. Pouillet, qui approuve cette décision.

CHAPITRE VI

NOUVEAUTÉ DE L'INVENTION

51. — L'invention doit être nouvelle. — Pour que l'invention puisse faire l'objet d'un brevet valable, il faut qu'elle remplisse certaines conditions de brevetabilité que nous venons de passer en revue. Mais cela ne suffit pas. L'invention doit encore et avant tout être nouvelle. C'est là d'ailleurs une règle générale applicable à toutes les productions de l'esprit, quelle que soit leur nature et leur destination. Pour acquérir un droit privatif quelconque, dans le domaine de l'intelligence, il faut avoir créé, c'est-à-dire fait quelque chose de nouveau.

La question de nouveauté sans se confondre avec celle de la brevetabilité même de l'invention, se trouve néanmoins liée avec elle d'une façon étroite, de telle sorte que l'étude de la première est le complément indispensable de l'examen de la seconde.

52. — Caractère absolu de la nouveauté. — Pour être brevetable, l'invention doit être nouvelle d'une manière absolue. Elle n'aurait plus ce caractère si avant le brevet, elle avait été connue même dans le pays le plus lointain ou dans le temps le plus reculé. Notre loi n'admet pas les brevets d'importation pour les découvertes introduites pour la première fois de l'étranger en France, ni les brevets de résurrection pour les inventions exhumées de l'oubli où elles sont restées plus ou moins longtemps ensevelies. Il n'est pas nécessaire, comme nous l'avons déjà vu, que l'invention soit sortie de toutes pièces du cerveau de son auteur et qu'elle soit originale dans toutes ses parties. Mais il faut que le point sur lequel porte la revendication soit complètement et absolument nouveau.

53. — Divulgation — L'invention ne serait pas nouvelle si son auteur, avant de prendre un brevet, l'avait lui-même fait connaître et divulguée. Il importe peu que cette divulgation soit faite volontairement avec l'intention manifeste d'abandonner l'invention à la société, ou bien qu'elle soit le résultat d'une imprudence. La loi en effet, nous le verrons plus loin, déclare non brevetable toute invention qui antérieurement au dépôt de la demande du brevet « aura reçu une publicité suffisante pour pouvoir être exécutée ». (Art. 31). Quel que soit l'auteur, quelle que soit la cause de cette publicité, la conséquence est toujours la même, la nullité du brevet pris tardivement. Il est impossible de reprendre au domaine public ce dont il s'est une fois emparé. En vain l'inventeur prétendrait-il qu'il n'a pas entendu abandonner sa découverte à la société, en vain même établirait-il de la manière la plus manifeste son intention formelle de réserver son droit privatif, rien ne pourrait faire disparaître les conséquences d'une publicité incompatible avec la prise d'un brevet.

L'inventeur, aussitôt qu'il a conçu sa découverte, doit donc s'empresser de prendre un brevet ; ou bien si, pour une raison ou l'autre, il est contraint d'ajourner l'accomplissement de cette formalité, il doit, dans l'intervalle, s'entourer de toutes les précautions nécessaires pour que son invention ne transpire pas au dehors. Il s'abstiendra, par exemple, d'exposer sa découverte dans un ouvrage ou dans un journal, de la produire dans une exposition, et même de la communiquer à une société savante dont les comptes-rendus sont portés à la connaissance du public. Il devra également se garder d'en faire la confidence à des tiers dont l'indiscrétion risquerait de compromettre son droit et de vicier un brevet tardivement demandé (1).

54. — Essais et expériences. — Des expériences publiques, accomplies avant la prise du brevet, entraîneraient sa nullité. Mais l'inventeur peut-il sans danger faire des essais dans son usine ou ses ateliers? La preuve établie plus tard, de ces expériences, plus ou moins répétées avant la prise du brevet, suffira-t-elle pour faire tomber sa découverte dans le domaine public? Il est impossible de répondre à cette question d'une manière absolue, et les tribunaux, pour la résoudre, doivent nécessairement tenir compte des circonstances. Certaines inventions sont de telle nature, qu'elles exigent non seulement des essais et des expériences avant de pouvoir être brevetées, mais qu'elles demandent encore la participation et le concours de personnes autres que l'inventeur lui-même. Ainsi, par exemple, l'invention porte sur une machine : avant d'en exposer le mécanisme et le fonctionnement dans le mémoire descriptif qui doit être annexé au brevet, il ne suffit pas d'avoir tracé sur le papier des dessins dont l'exécution pourrait se trouver plus tard impossible ou défectueuse, il

---

(1) Pouillet, nos 383 et suiv. et 419 et suiv.

faut construire l'appareil lui-même et le faire fonctionner. Mais pour cela il est nécessaire d'employer des ouvriers plus ou moins nombreux, suivant l'importance et la nature de la machine. On conçoit qu'il serait absolument injuste de reprocher un jour à l'inventeur ces préliminaires indispensables de la prise d'un brevet sérieux ; et s'il arrivait que des ouvriers, malgré tout l'appel fait à leur discrétion eussent trahi le secret d'une fabrication ou d'expériences dont ils se sont trouvés les collaborateurs nécessaires, il serait inadmissible que l'inventeur fût victime d'une indélicatesse contre laquelle il n'était pas en son pouvoir de se prémunir d'une façon absolue. Toutefois, même au cours de cette période d'essai, pendant laquelle il jouit d'une certaine immunité, l'inventeur doit prendre toutes les précautions possibles pour conserver le secret de sa découverte. Il manquerait à son devoir et il risquerait de perdre son droit privatif si, pendant les expériences accomplies même dans l'intérieur de son usine, il appelait des personnes étrangères pour les leur soumettre ; ou même s'il laissait imprudemment des visiteurs pénétrer dans ses ateliers et se rendre compte du mécanisme de la machine qu'il se propose de faire breveter (1).

55. — Brevet pris à l'étranger — Il arrive souvent, surtout quand l'invention est sérieuse et importante, que son auteur se fait breveter non seulement en France, mais encore dans d'autres pays dont les législations protègent la propriété industrielle.

La loi du 5 juillet 1844 (art. 29), reconnaît expressément la validité du brevet pris en France, par l'inventeur déjà breveté à l'étranger, sous cette réserve que la durée du bre-

_____

(1) Pouillet, nos 391 et suiv.

.vet français ne peut excéder celle des brevets pris antérieurement au delà de nos frontières. Supposons que l'inventeur, étranger ou français, laisse écouler un certain temps
entre la prise de la patente étrangère et la demande de son
brevet en France. Ce dernier sera-t-il dans tous les cas valable ? ou bien le brevet étranger pourra-t-il être considéré
comme une divulgation faisant échec au brevet français ?
Sous l'empire de la loi de 1791, une invention déjà divulguée ou brevetée, même depuis longtemps dans un pays
étranger, pouvait faire l'objet d'un brevet valable en
France, si elle n'y était pas encore connue. Mais la loi du
5 avril 1844 a supprimé les brevets d'importation et elle
exige, dans tous les cas, que la découverte soit absolument
nouvelle. En conséquence, si l'inventeur, avant de se faire
breveter chez nous, a pris des patentes étrangères, son brevet français sera nul ou valable, suivant que ces patentes
auront été publiées ou seront restées secrètes. En Angleterre, par exemple, la loi accorde à l'inventeur, une protection provisoire durant neuf mois, délai pendant lequel la
spécification n'est pas publiée. Il est incontestable que le
brevet pris en France pendant cette période de secret, sera
valable (1), et qu'il sera nul au contraire, s'il est demandé
postérieurement à la délivrance de la patente définitive qui
constitue un document public. Il pourrait arriver que la patente étrangère, sans faire l'objet d'une publication proprement dite, fût simplement mise à la disposition des personnes qui veulent en prendre connaissance. Sans aucun
doute, cette communication au public constituerait une divulgation suffisante pour faire échec au brevet français pris
à une date postérieure. Il en serait ainsi, alors même que

---

(1) Cass. req., 8 mai 1895. *La Loi*, 22 juin 1895.

la patente étrangère aurait été consultée par un nombre très restreint d'individus, alors même que personne ne se serait encore présenté pour en prendre communication. La publicité existe par le seul fait que le public a pu connaître l'invention, qui dès lors n'est plus brevetable en France (1).

56. — Antériorité. — Quand la publicité de l'invention émane de son auteur lui-même, elle prend le nom de divulgation ; quand elle provient d'un tiers, elle constitue ce qu'on appelle une antériorité. Comme la divulgation, l'antériorité a pour résultat d'enlever à la découverte son caractère de nouveauté, et par conséquent de la rendre non brevetable. Les faits qui la constituent sont multiples ; ce sera par exemple un brevet antérieur pris en France ou à l'étranger ; l'exploitation publique de l'invention par un tiers, son exposé dans un ouvrage ou publication quelconque, en un mot, tout fait qui aura pour conséquence de permettre au public de la connaître et de l'exécuter.

Si, avant la prise du brevet, une ou plusieurs personnes étaient en possession de la découverte et l'avaient exploitée secrètement, le brevet serait-il par cela même frappé de nullité ? Nous ne le pensons pas. En effet, le secret dont cette exploitation a été entourée, est incompatible avec toute idée de publicité. L'invention n'a pas cessé d'être nouvelle dans le sens légal du mot lorsque celui ou ceux qui la possédaient ont pris toutes leurs précautions pour

(1) Pouillet, nos 338 et suiv. — Cass., 12 janv. 1865. *Annales*, 65, 231. *Contra.* Cass., 30 juillet 1857. *Annales*, 58, 102 ; — 8 mars 1865. *Annales*, 65, 241.

La Convention de Paris du 20 mars 1883 est venue apporter une modification aux principes que nous venons de poser, quand il s'agit d'un brevet pris dans l'un des États de l'Union organisée par la Convention (V. notre 2e vol. *De la Propriété des brevets d'invention*, nos 286 et suiv.).

empêcher qu'elle ne transpirât au dehors. Non seulement, dans ce cas, le public ne l'a pas connue, mais il n'a pas pu la connaître et par suite, elle a conservé, au regard du domaine public, son caractère de nouveauté (1). Toutefois le breveté ne pourrait pas faire condamner comme contre-facteur les personnes qui avant lui étaient en possession de la découverte et avaient ainsi un droit acquis dont il serait injuste de les dépouiller (2).

Si le nombre des individus qui, chacun de leur côté, exploitaient secrètement l'invention, était considérable, il est bien évident que l'ensemble de tous ces mystères plus ou moins impénétrables constituerait une publicité incom-patible avec la prise d'un brevet. C'est là d'ailleurs une question de fait laissée à l'appréciation des tribunaux.

57. — Règles communes à la divulgation et à l'anté-riorité. — Que la publicité résulte d'une divulgation ou d'une antériorité, il faut, pour faire échec au brevet, qu'elle soit suffisante pour permettre d'exécuter l'invention (art. 31 de la loi de 1844). C'est là une règle importante, dont les tribunaux sont chaque jour appelés à faire l'application, et dont il importe de bien préciser la portée. Dans la plupart des procès de contrefaçon, le prévenu produit des antério-rités qu'on trouve presque toujours en les cherchant avec patience, car il est bien rare qu'une invention soit absolu-ment originale et qu'on n'en découvre point quelque part le germe et l'idée première. Si cela suffisait pour faire tom-ber un brevet, la protection de la loi serait, on le conçoit, complètement illusoire. Aussi est-il indispensable d'exa-miner avec le plus grand soin les faits de divulgation ou

---

(1) Pouillet, nᵒˢ 425 et suiv. — Nouguier, nᵒˢ 506 et 507. — Rendu et Delorme, nᵒ 439. — *Contra* : Blanc, p. 464 et 465. — Bédarride, nᵒ 390.

(2) Pouillet, nᵒ 428. — *Contra*, Duvergier, t. 44, p. 618.

d'antériorité et de rechercher s'ils sont de nature à permettre l'exécution de la découverte. Afin de donner à cet égard des moyens d'appréciation aussi sûrs que possible nous allons passer en revue les différentes formes que peut revêtir l'invention brevetable et pour chacune d'elles préciser, le caractère de nouveauté exigé par la loi.

58. — Nouveauté du produit industriel. — Le produit industriel n'est pas nouveau si, avant le brevet, l'inventeur ou un tiers l'a fait connaître par un mode quelconque du publicité, par exemple par une description dans un ouvrage ou un journal, ou bien par une fabrication publique. Il faut, bien entendu, que le produit ainsi divulgué soit identiquement le même que celui qui est breveté ; il faut qu'il présente les mêmes caractères constitutifs, de telle sorte qu'il serait une contrefaçon si, au lieu d'être antérieur, il était postérieur au brevet.

Qu'arriverait-il si, sans avoir jamais fait l'objet d'une description ou d'une fabrication publique, le produit avait été simplement vendu, mis dans le commerce ? Cette circonstance suffirait-elle pour rendre nul le brevet pris postérieurement ? La question n'est pas douteuse dans le cas où le produit est de telle nature que les moyens de l'obtenir se révèlent à première vue, ou même peuvent se découvrir par un examen plus ou moins prolongé. Dans cette hypothèse qui sera naturellement la plus fréquente, il est bien évident que le domaine public se trouvant en possession du produit et des moyens de l'obtenir, l'invention n'est plus nouvelle aux termes de l'article 31 ? Mais supposons un produit dont aucune analyse ne peut faire pénétrer le mode de fabrication. Sa mise dans le commerce suffira-t-elle pour le faire tomber dans le domaine public ? Nous le croyons. En effet le produit industriel étant breve-

table en lui-même, indépendamment des moyens employés
pour l'obtenir, il nous semble naturel, pour apprécier son
caractère de nouveauté, de le considérer en lui-même, abstraction faite de son origine et de ses procédés de fabrication. Sans doute si ces procédés ne sont pas encore connus,
le domaine public aura fait une conquête inutile ; mais
qu'ils se révèlent un jour ou l'autre, chacun sera libre de
fabriquer le produit sans que le breveté puisse y mettre
obstacle.

Le produit étant connu par l'effet d'une divulgation ou
d'une antériorité, il peut se faire que le brevet pris pour
le garantir ne soit pas entièrement nul. En même temps
qu'il revendique le produit, le breveté peut en effet dé-
crire un procédé spécial de fabrication. Si ce procédé est
nouveau, si d'autre part il est tel que la connaissance et
l'examen du produit ne sauraient le révéler, il est certain
que la divulgation ou l'antériorité relative au produit ne
peut le faire tomber dans le domaine public. Le brevet serait également valable si, le produit étant connu, il en in-
diquait une application nouvelle. Cette application qui est
essentiellement brevetable, comme nous l'avons vu plus
haut, ne cesserait pas de l'être, alors même que le produit
aurait reçu, par tous les moyens possibles, la plus grande
publicité.

59. — Nouveauté du moyen. — Le moyen, quelle que
soit sa nature, agent, organe ou procédé doit être absolument nouveau pour être brevetable en lui-même, dans la
mesure que nous avons déterminée plus haut. S'il a été
exploité publiquement, soit par l'inventeur, soit par un
tiers ou bien s'il a été décrit dans un ouvrage, une revue,
un journal quelconque, il ne peut plus faire l'objet d'un
droit privatif.

Quand l'antériorité ou la divulgation a été complète, c'est-à-dire qu'elle a porté non seulement sur le moyen lui-même, mais encore sur le résultat industriel obtenu, l'invention est incontestablement acquise au domaine public. En serait-il de même si le moyen seul était connu et non son utilisation industrielle? L'hypothèse sera bien rare, mais elle peut se présenter. Supposons par exemple un organe nouveau destiné à jouer un rôle important dans le fonctionnement d'une machine, mais dont rien ne révèle l'usage et l'utilité. L'inventeur ne pourra-t-il plus le revendiquer si, avant de prendre son brevet, il l'a fait ou laissé voir à plusieurs personnes, sans toutefois indiquer sa fonction? Nous ne le pensons pas. En effet le moyen n'a aucune valeur, indépendamment de son application, et le domaine public à qui cette dernière demeure inconnue, ne possède rien en réalité. Nous avons émis une opinion contraire en étudiant une question analogue pour le produit qui, à notre sens, n'est plus susceptible d'être breveté, quand il a été mis dans le commerce, alors même que son moyen de fabrication n'a pas été révélé. Mais nous avons été déterminé par la nature spéciale du produit qui est brevetable en lui-même, indépendamment des moyens employés pour l'obtenir; et cette raison de décider n'existe plus pour le moyen qui, nous l'avons vu, ne peut pas être revendiqué en dehors des résultats qu'il est destiné à produire. Le droit de l'inventeur étant ainsi limité, il nous paraît juste de le protéger contre une divulgation portant sur une partie de la découverte qui, à elle seule, ne saurait faire l'objet d'un brevet valable.

Examinons maintenant l'hypothèse inverse qui pourra se présenter plus fréquemment : celle où le moyen restant secret, le produit qui en est le résultat aura été mis dans le commerce, avant la prise du brevet.

L'inventeur sera-t-il déchu de son droit ? Une distinction est nécessaire : si le produit est tel que son examen fasse connaître le moyen employé pour l'obtenir, il est bien évident que ce dernier appartiendra au domaine public. Que si au contraire le résultat connu ne révèle en aucune façon le moyen nouveau, celui-ci pourrait faire l'objet d'un brevet valable.

60. — Nouveauté de l'application nouvelle. — Un moyen étant dans le domaine public, nous savons que la loi permet de breveter ses applications nouvelles.

L'antériorité ou la divulgation, pour faire échec à un brevet de cette nature, doit donc porter non sur le moyen, mais sur l'application spéciale qui s'y trouve décrite. Si une application déjà connue du même moyen est opposée au brevet, elle devra, pour faire tomber ce dernier, être identique à celle qui forme l'objet de sa revendication ; elle devra en un mot être telle qu'elle constituerait une contrefaçon si, au lieu d'être antérieure, elle était postérieure au brevet.

Nous avons vu que la combinaison nouvelle d'éléments connus est une des formes les plus fréquentes de l'application brevetable. Pour apprécier la valeur d'une invention de cette nature, il ne faut donc pas seulement rechercher si chacun des éléments qui la constituent était déjà dans le domaine public, il faut voir s'ils avaient été auparavant réunis, combinés en vue du même résultat industriel. Cet examen d'ensemble s'impose impérieusement aux tribunaux dont les décisions seraient cassées par la Cour suprême s'ils manquaient à cette obligation.

61. — Des différentes formes de publicité. — Lorsqu'une invention a reçu une publicité suffisante pour pouvoir être exécutée, elle n'est plus brevetable, quelle que soit la nature ou la forme de cette publicité : exploitation ouverte du procédé, mise en vente du produit, exposition dans un concours, essais ou expériences faits sans mesure ni précaution, description dans une conférence publique, dans un brevet antérieur pris à l'étranger, dans un journal ou un ouvrage quelconque. Il importe peu que l'ouvrage ait été tiré à plus ou moins d'exemplaires, qu'il ait été plus ou moins répandu, mais il faut qu'il ait été publié. L'impression seule ne suffirait pas pour constituer la publicité prévue par la loi (1). Il n'importe également que la publication ait un caractère industriel ou purement scientifique. Toutefois si elle contenait la description d'une expérience ou d'un produit de laboratoire sans indiquer ni même laisser prévoir leur application pratique, nous avons dit plus haut que, suivant nous, elle ne constituerait pas une antériorité à un brevet revendiquant pour la première fois cette utilisation industrielle (2).

Ajoutons en terminant que, pour faire échec au brevet, la publicité sous quelque forme qu'elle se produise, doit être antérieure au dépôt de la demande ; elle ne serait donc pas opposable à l'inventeur si elle ne survenait qu'après cette formalité, alors même qu'elle précèderait la délivrance du brevet.

(1) Pouillet, n° 399.
(2) V. *Supra* n° 32.

CHAPITRE VII

DES INVENTIONS NON BREVETABLES.

62. Compositions pharmaceutiques. — 63. Plans et combinaisons de crédit ou de finance. — 64. Inventions contraires à l'ordre public, aux bonnes mœurs et aux lois.

Nous avons vu que toutes les inventions sont susceptibles d'être brevetées, à quelque industrie qu'elles se rattachent. Cependant la loi pose un certain nombre d'exceptions que nous allons examiner successivement ; elle déclare non brevetables : 1° Les compositions pharmaceutiques ou remèdes de toute espèce (art. 3 de la loi de 1844) ; 2° Les plans et combinaisons de crédit ou de finance (art. 3) ; 3° Les inventions contraires à l'ordre ou à la sûreté publique, aux bonnes mœurs et aux lois (art. 30, § 4).

62. — Compositions pharmaceutiques (1). — Le législateur a pensé qu'il fallait interdire de les breveter pour une double raison : d'abord pour ne pas favoriser le charlatanisme auquel pourraient se livrer les inventeurs brevetés de remèdes sans valeur ou même nuisibles, ensuite pour permettre à la société de jouir immédiatement et sans réserve des bienfaits que peut lui rendre la découverte de remèdes vraiment utiles. Ces motifs ne nous paraissent pas suffisants pour justifier cette exception au droit com-

---

(1) Voir notre traité de la *Pharmacie au point de vue de la propriété industrielle*, n⁰ˢ 85 et suiv.

mun, et il nous semble que le péril auquel on a voulu parer, était déjà en grande partie évité, grâce au décret du 18 août 1810 qui permet d'exercer [contre des fabricants de remèdes secrets des poursuites que la délivrance d'un brevet n'aurait pas arrêtées. Cette première garantie pouvait être facilement complétée par l'application aux remèdes des principes de l'expropriation pour cause d'utilité publique. De la sorte, la société se trouvant tout armée contre les abus du charlatanisme, les découvertes assurément dignes d'intérêt ne resteraient pas sans récompense.

L'interdiction de breveter les remèdes et compositions pharmaceutiques doit être strictement renfermée dans les limites que lui assignent les termes de la loi. Il ne faudrait point, par exemple, l'étendre aux substances employées à la fois dans la thérapeutique et dans l'industrie (1) ; — ni aux cosmétiques et eaux dentifrices (2) ; — ni aux substances hygiéniques (3) ; — ni aux compositions employées dans l'art dentaire (4) ; — ni enfin aux instruments de chirurgie (5); mais elle s'applique aux médicaments employés dans l'art vétérinaire, car la loi déclare non brevetables tous les remèdes sans distinguer s'ils doivent servir au traitement des animaux ou à ceux des hommes (6).

63. — **Plans et combinaisons de crédit ou de finance.** — Nous venons de voir le législateur, dans l'intérêt de la santé publique, proscrire les brevets de remèdes. Une considération d'un autre ordre lui a fait édicter une seconde interdiction. Il a redouté qu'un spéculateur, un financier,

(1) V. notre traité de la *Pharmacie*, n° 86.
(2) *Ibid.*, n° 88.
(3) *Ibid.*, n° 89.
(4) *Ibid.*, n° 90.
(5) *Ibid.*, n° 91.
(6) *Ibid.*, n° 86.

venant à découvrir une combinaison de crédit dont l'État pourrait bénéficier, ne voulût en conserver le monopole pour lui-même, et il a décidé qu'une pareille découverte ne serait pas susceptible de brevet. Nous ne chercherons pas si cette crainte est plus ou moins fondée, mais à coup sûr, la précaution qu'elle a inspirée était parfaitement inutile. En effet, comme nous l'avons vu, la loi n'accorde de brevets qu'aux inventions industrielles, et il est incontestable qu'une combinaison de crédit, un plan de finance ne remplit pas cette condition essentielle. Sans qu'il fût besoin d'une disposition spéciale, les principes généraux de la matière suffisaient donc pour faire déclarer non brevetable cette catégorie d'inventions.

64. — Inventions contraires à l'ordre public, aux bonnes mœurs et aux lois. — Il est assez difficile de concevoir une invention qui soit en elle-même contraire à l'ordre ou à la sûreté publique ou aux bonnes mœurs. Supposons que la découverte ait pour objet une matière explosible ou bien un engin quelconque pouvant être employé comme une arme de guerre civile ; elle ne saurait être, pour cette raison, considérée comme non brevetable, car elle peut trouver son utilisation dans des travaux publics ou dans un arsenal, et à ce titre, elle est assurément susceptible d'être brevetée. Sans doute l'inventeur, pour exploiter l'engin ou la substance constituant sa découverte, devra se conformer aux lois et règlements qui les régissent ; peut-être même lui sera-t-il interdit d'en faire usage ; mais son brevet n'en sera pas moins valable et il sera libre d'en tirer profit en le cédant soit à l'Etat, soit à une personne ayant le droit d'exploiter l'invention.

Supposons encore, c'est là un exemple cité par MM. Picard et Olin, un appareil destiné à procurer l'avortement.

S'il ne peut servir qu'à cet usage illicite il n'est assurément pas brevetable. Mais il peut aussi bien convenir à des opérations chirurgicales parfaitement légitimes et alors on ne saurait lui refuser la protection de la loi. L'inventeur ne pourra pas bien entendu poursuivre comme contrefacteur ceux qui, à l'aide de l'instrument, se livreraient à des manœuvres criminelles, mais il a le droit d'en interdire tout autre usage licite. Dans les deux hypothèses que nous venons d'examiner l'invention est brevetable en elle-même ; seulement certaines applications sont interdites. Pour que le brevet fût radicalement nul, comme s'appliquant à un objet contraire à l'ordre ou à la sûreté publique, ou aux bonnes mœurs, il faudrait supposer que la découverte ne pût avoir d'autre destination légitime, ce qui sera certainement bien rare, si l'hypothèse se présente jamais.

Certaines industries, comme la fabrication du tabac, des poudres de guerre, des allumettes, etc., etc., sont monopolisées au profit de l'État ou bien affermées à des compagnies particulières. L'auteur d'une invention se rattachant à l'une de ces industries ne peut donc l'exploiter lui-même, mais il n'en n'a pas moins le droit de prendre un brevet valable dont il tirera profit en le cédant à l'État ou à ses concessionnaires. Il n'existe donc pas à proprement parler de brevet nul comme se rapportant à une invention contraire à la loi : tout au moins nous n'en connaissons et n'en concevons aucun exemple. L'exploitation seule d'une semblable découverte peut être interdite par la loi, mais cette prohibition relative ou absolue n'infirme en rien la validité du brevet.

CHAPITRE VIII

LÉGISLATIONS ÉTRANGÈRES

Le brevet pris en France n'a de valeur que sur notre territoire ; ses effets expirent à la frontière et aucune convention internationale ne permet de les invoquer dans les autres pays. Mais presque toutes les puissances étrangères protègent la propriété industrielle et l'inventeur qui s'est fait breveter en France peut obtenir une protection plus étendue en se conformant aux lois des différents pays où il veut exploiter sa découverte. Il est donc indispensable, pour compléter notre étude, de jeter un coup d'œil sur les différentes législations étrangères et d'examiner, comme nous avons fait pour la nôtre, mais plus rapidement, les principes de brevetabilité posés pour chacune d'elles.

ALLEMAGNE

Loi du 7 avril 1891 (1) (remplaçant celle du 25 mai 1877) (2).

Des brevets sont délivrés pour des inventions nouvelles qui sont susceptibles d'une utilisation industrielle. Sont exceptées : 1° Les inventions dont l'utilisation serait contraire aux lois et aux bonnes mœurs ; 2° Les inventions d'aliments, d'objets de consommation et de médicaments,

---

(1) *Annales*, 1891, p. 187.
(2) *Annales*, 1877, p. 113.

ainsi que de matières qui sont obtenues par des moyens chimiques, en tant que ces inventions ne portent pas sur un procédé déterminé pour la production desdits objets (art. 1). N'est pas réputée nouvelle l'invention qui, au moment du dépôt de la demande a déjà été décrite dans des imprimés rendus publics, datant de moins d'un siècle, ou qui a déjà été utilisée dans le pays d'une manière assez publique pour que l'usage en paraisse par là possible pour des tiers experts en la matière (art. 2).

Le brevet ne produit pas d'effet lorsque d'après une décision du chancelier de l'empire, l'invention doit être employée pour l'armée ou pour la flotte, ou d'une autre manière encore dans l'intérêt du bien public. Dans ce cas le breveté a droit à une indemnité convenable qui, à défaut d'entente, est fixée par l'autorité judiciaire (art. 5).

La demande de brevet est soumise à l'examen préalable dont la procédure est réglée par les articles 21 et suivants (1).

ANGLETERRE

Loi du 23 août 1883 (2) modifiant la loi du 1er juillet 1852 (3).

L'inventeur, anglais ou étranger (art. 1) — peut, à son choix, demander une *protection provisoire* dont la durée est de neuf mois (art. 8) ou bien une *patente définitive*. S'il prend le premier parti, il doit déposer une spécification qui reste secrète jusqu'à l'obtention de la patente défini-

(1) Une loi du 1er juin 1891, protège les modèles d'utilité (*Annales*,1891, p. 198).

(2) *Annales*, 1884, p. 7 et suiv.

(3) Blanc et Beaume, *Code général de la propriété industrielle*, p. 1 et suiv.

tive dont la demande doit être faite dans les neuf mois. Pendant ce délai l'inventeur peut exploiter et publier sa découverte sans compromettre la valeur de la patente qu'il prendra plus tard (art. 14).

L'invention, pour faire l'objet d'une patente valable doit être utile et nouvelle. Elle est utile quand elle marque un progrès quelconque dans l'industrie ; elle est nouvelle quand elle n'était ni connue, ni pratiquée, ni décrite dans un ouvrage imprimé en Angleterre avant le dépôt de la spécification. L'importateur d'une découverte connue à l'étranger, mais nouvelle dans le Royaume-Uni peut donc obtenir une patente à moins que cette découverte n'ait déjà fait, dans un autre pays, l'objet d'un brevet tombé dans le domaine public.

La loi anglaise ne permet de breveter : ni les principes théoriques considérés en eux-mêmes ; — ni les compositions pharmaceutiques ; — ni les emplois nouveaux d'une chose connue, dans un but analogue, et sans changement dans les moyens (1).

AUTRICHE

Loi du 15 août 1852 (2).

Est brevetable toute découverte, invention ou amélioration qui a pour objet : 1° Un nouveau produit industriel ; 2° Un nouveau moyen de production ; 3° Une nouvelle méthode de production (art. 1).

(1) Une loi du 14 août 1885 permet au contrôleur d'augmenter de un et trois mois le délai de 9 et 12 mois dans lequel la spécification complète doit être déposée (*Annales*, 1888, p. 169).

Une autre loi du 25 juin 1886, est relative à la protection des inventeurs qui exibent leurs produits dans les expositions publiques (*Annales* 1888, p. 168).

(2) Blanc et Beaume, *Code général de la prop. ind.*, p. 121 et suiv.

L'invention doit être nouvelle et elle a ce caractère lorsqu'elle n'est pas exploitée dans l'empire d'Autriche, ni indiquée dans un ouvrage imprimé (art. 1).

Un brevet ne peut être accordé pour une invention faite
à l'étranger que dans le cas où cette invention est l'objet
d'une patente encore en vigueur dans ce pays ; et le propriétaire de la patente étrangère ou ses représentants peuvent seuls obtenir un brevet en Autriche (art. 3).

La loi interdit de breveter les préparations d'aliments,
de boissons et médicaments ; — les inventions contraires
aux lois de l'État (art. 2) ; — les principes ou thèses purement scientifiques dont l'application industrielle est seule
brevetable (art. 5).

BELGIQUE

Loi du 24 mai 1854 (1).

Il existe trois sortes de brevets : d'invention, de perfectionnement et d'importation (art. 1). Les deux derniers
confèrent les mêmes droits que le premier.

L'invention n'est pas brevetable quand elle a été employée, mise en œuvre ou exploitée par un tiers dans le
royaume, dans un but commercial avant la prise du brevet
(art. 24) — ou bien lorsque la spécification complète et les
dessins exacts de l'objet breveté ont été produits, antérieurement à la demande du brevet, dans un ouvrage ou recueil
imprimé et publié (art. 24), ou bien encore lorsque l'invention a été déjà brevetée en Belgique ou à l'étranger.

L'inventeur breveté à l'étranger peut cependant obtenir
par lui-même ou ses ayants droit un brevet d'importation

---

(1) *Code international*, Pataille et Huguet, p. 164.

dont la durée est limitée à celle de la patente étrangère (art. 14) ; et la publication de cette patente qui est le fait d'une prescription légale n'entraîne pas la nullité du brevet pris dans ces conditions (art. 24 *in fine*).

Les inventions dont l'usage serait contraire aux lois, aux bonnes mœurs ou à l'ordre public ne sont pas brevetables.

BRÉSIL

Loi du 14 *octobre* 1882 (1).

Cette loi déclare brevetables : 1° L'invention de nouveaux produits industriels ; 2° L'invention de nouveaux procédés ou une nouvelle application de procédés déjà connus pour obtenir un produit ou résultat industriel ; 3° Le perfectionnement d'une invention déjà brevetée, si par ce perfectionnement, la fabrication du produit ou l'usage de l'invention sont rendus plus faciles et si l'utilité en est augmentée (art. 1, § 1).

Sont réputés nouveaux : les produits, procédés, applications et perfectionnements industriels qui, jusqu'à la demande du brevet, n'ont pas été employés dans l'intérieur ou hors de l'empire et qui n'ont pas été décrits ou publiés de manière à pouvoir être mis en pratique (art. 1, § 1).

L'inventeur breveté dans d'autres pays peut obtenir un brevet au Brésil, et si sa demande est déposée dans les sept mois de la patente étrangère, il conservera tous ses droits malgré l'usage ou la publication de sa découverte survenus durant cette période (art. 2).

Ne peuvent être brevetées les inventions contraires aux lois ou à la morale ; — de nature à porter atteinte à la sécu-

(1) *Annales*, 1882, p. 329.

rité publique ; — nuisibles à la santé publique ; — ne donnant pas un résultat pratique industriel.

La loi brésilienne, comme on le voit, reproduit à peu près exactement les dispositions de notre loi du 5 juillet 1844

CANADA

Acte du 14 juin 1872 (1).

Peut obtenir un brevet quiconque a inventé quelque art, machine, procédé ou composition de matière *nouvelle et utile*, ou quelque perfectionnement nouveau et utile à un art, machine, procédé ou composition de matière (art. 6).

L'invention est nouvelle quand elle n'était en usage ni connue par d'autres avant la demande du brevet, et lorsqu'elle n'est pas dans le domaine public ou en vente au Canada, du consentement ou par tolérance du propriétaire, depuis plus d'une année (*Ibid.*).

L'invention ne peut plus être brevetée au Canada lorsqu'elle a fait, depuis plus de douze mois l'objet d'une patente dans un autre pays ; et si, dans le cours de ces douze mois, quelque personne l'a exploitée, elle pourra, nonobstant le brevet, continuer son exploitation. Dans tous les cas le brevet canadien expire en même temps que le brevet étranger art. (7).

DANEMARK (2)

Loi du 13 avril 1894.

Il est accordé des brevets pour des inventions utilisables dans l'industrie ou pouvant donner lieu à une exploitation

---

(1) *Annales*, 1874, p. 257.
(2) *Annales*, 1894, p. 232.

industrielle. Ne peuvent toutefois être brevetées : 1° Les inventions qui paraissent dépourvues comme telles de toute importance réelle ; 2° Les inventions dont l'exploitation serait contraire aux lois, à la morale ou à l'ordre public ; 3° Les inventions qui, au moment de la demande de brevet, sont déjà décrites dans un ouvrage imprimé et rendu public ou ont déjà été utilisées assez publiquement en Danemark pour pouvoir être exécutées par un homme du métier ; 4° Les inventions portant sur des médicaments, des aliments ou des boissons, de même que les inventions portant sur des procédés pour la fabrication d'aliments (art. 1).

Il est accordé des brevets (dits brevets *dépendants*) pour des modifications apportées à des inventions déjà brevetées, à la condition que la modification soit, en elle-même, assez importante pour pouvoir être considérée comme une invention (art. 2).

L'inventeur lui-même ou ses ayants cause peuvent seuls obtenir un brevet. Une personne au service de l'État, ou ayant quitté ce service depuis moins de 3 ans, ne peut, sans autorisation du ministre dont elle relève, faire breveter une invention dont on doit présumer qu'elle est due, en tout ou en partie au travail accompli par cette personne, pendant qu'elle était au service de l'État (art. 3).

La durée des brevets est de 15 ans (art. 4).

Le propriétaire d'un brevet peut obtenir, pour toute modification apportée à l'invention brevetée, un brevet additionnel prenant fin en même temps que le brevet principal (art. 4).

Les demandes de brevet sont soumises à l'examen d'une commission (art. 9).

ESPAGNE

Loi du 30 *juillet* 1878 (1).

Peuvent faire l'objet d'un brevet: 1° Les machines, appareils, instruments, procédés ou opérations, soit mécaniques, soit chimiques qui, pour tout ou partie, sont d'invention personnelle, ou qui sont nouveaux, ou bien qui, sans réunir ces conditions, ne se trouvent pas établis ou pratiqués de la même façon et forme dans les possessions espagnoles ; 2° Les produits ou résultats industriels nouveaux obtenus par des moyens nouveaux ou connus, mais à la condition que leur exploitation vienne apporter un nouveau genre d'industrie dans le pays (art. 3).

Les brevets pris pour des produits ou résultats ne sont pas un obstacle à ce que d'autres brevets soient accordés pour des moyens nouveaux imaginés en vue d'obtenir les mêmes résultats ou produits (art. 4).

La durée des brevets varie suivant la nature de l'invention : elle est de 20 ans si l'objet du brevet est d'invention personnelle ou nouveau ; de 5 ans s'il ne présente aucun de ces deux caractères (s'il s'agit par exemple d'une invention connue à l'étranger, importée en Espagne) ; de 10 ans si l'inventeur déjà breveté dans un ou plusieurs pays étrangers a demandé ensuite un brevet espagnol. Ce brevet n'est valable que si la demande en est faite avant l'expiration de deux années à compter du jour où la première patente étrangère a été obtenue (art. 12).

Ne sont pas brevetables: L'emploi des produits naturels ; — les principes ou découvertes scientifiques, tant qu'ils

(1) *Annales*, 1878, p. 289.

restent dans la sphère de la spéculation ; — les préparations pharmaceutiques ou médicamenteuses de toute
espèce ; — les plans ou combinaisons de crédit ou de
finance (art. 9) ; — les inventions pouvant porter atteinte
à l'ordre ou à la sécurité publique, aux bonnes mœurs ou
aux lois du pays (art. 43).

Les brevets sont délivrés sans examen préalable de la
nouveauté et de l'utilité (art. 11).

ÉTATS-UNIS DE L'AMÉRIQUE DU NORD

Actes des 4 juillet 1836, 3 *mars* 1837, 3 *mars* 1839
et 4 mars 1861 (1).

Une patente est accordée à toute personne ayant découvert ou inventé une industrie, machine, fabrication ou
combinaison de matières *nouvelles et utiles,* ou un perfectionnement nouveau et utile des mêmes industries, machines etc., etc. (art. 6 de l'acte du 4 juillet 1836).

L'invention est nouvelle lorsqu'elle n'a jamais été antérieurement pratiquée ni décrite dans une publication, aux
États-Unis ou à l'étranger, et qu'elle n'a jamais été exécutée ou vendue publiquement du consentement ou par la
tolérance de l'inventeur (art. 7). Toutefois, s'il est dé-
montré qu'à l'époque où il a fait sa demande, le patenté se
croyait sincèrement inventeur, la patente ne sera pas réputée nulle par ce seul motif que l'invention ou découverte aurait été antérieurement connue ou employée à
l'étranger, pourvu qu'elle n'ait jamais été décrite dans une
publication antérieure (art. 15).

L'invention peut faire l'objet d'une patente bien qu'elle

(1) Blanc et Beaume, *Code gén. de la prop. ind.*, p. 270 et suiv.

ait été déjà brevetée à l'étranger, pourvu qu'elle ne soit pas tombée dans le domaine public aux États-Unis (art. 6 de l'acte du 3 mars 1839).

La patente n'est pas nulle par le seul fait que l'objet qu'elle protège a été acheté, employé ou vendu antérieurement à la demande, à moins qu'il ne soit prouvé que l'invention a été abandonnée au public ou que le fait d'achat, d'usage ou de vente n'ait eu lieu plus de deux ans avant la demande (art. 7).

Les patentes ne sont délivrées qu'après un examen préalable de la nouveauté de l'invention.

Les citoyens américains peuvent, au lieu de demander immédiatement une patente déposer un *caveat*, c'est-à-dire une description sommaire de leur invention qui reste secrète pendant une année et assure leur droit de priorité en attendant le dépôt de la spécification définitive.

L'inventeur a le droit de retirer certaines parties de son invention par *disclaimer* ou de rectifier d'autres parties défectueuses par *surrender*.

ITALIE

Loi du 30 *octobre* 1860 (1).

Est brevetable toute invention ou découverte industrielle ayant pour objet : 1° Un produit ou un résultat industriel ; 2° Un instrument, une machine, un engin, une combinaison ou une disposition mécanique quelconque ; 3° Un procédé ou une méthode de production industrielle ; 4° Un moteur ou l'application industrielle d'une force connue ;

---

(1) Cette loi promulguée dans les Etats sardes a été le 31 janvier 1861 étendue à toute l'Italie (*Annales*, 1860, p. 435 et 1864, p. 49).

5° L'application technique d'un principe scientifique pourvu qu'il donne des résultats industriels immédiats.

Dans ce dernier cas, le privilège est limité aux seuls résultats expressément indiqués par l'inventeur (art. 21).

L'invention est considérée comme nouvelle quand elle n'était pas connue auparavant ou lorsque, tout en possédant une certaine connaissance, on ignorait les nécessités particulières de sa mise à exécution (art. 3).

L'auteur d'une invention brevetée à l'étranger peut obtenir en Italie un *brevet d'importation* pourvu que la patente étrangère soit encore en vigueur et que l'invention n'ait pas encore été librement importée et mise à exécution dans le royaume (art. 4).

Ne sont pas brevetables : 1° Les inventions et découvertes concernant les industries contraires aux lois, à la morale et à la sûreté publiques ; 2° Les inventions ou découvertes qui n'ont pas pour but la production d'objets matériels ; 3° Les inventions ou découvertes purement théoriques ; 4° Les médicaments de quelque espèce que ce soit (art. 6).

JAPON

Ordonnance impériale du 18 décembre 1888 remplaçant la loi du 25 mai 1871 (1).

Sont brevetables les procédés industriels ou autres, les améliorations ou perfectionnements à une machine ou à une industrie quelconque, mais pas les produits alimentaires, comestibles et boissons, ni les remèdes de toutes sortes et compositions pharmaceutiques, ni les produits étant dans la circulation avant la demande du brevet, si ce n'est à titre d'essai pendant deux ans au plus.

(1) *Annales*, 1875, p. 168, — 1890, p. 217.

Les brevets ne sont délivrés qu'après un examen préalable par un jury ; leur durée qui est de 5, 10 ou 15 ans, peut être diminuée par décision du ministre de l'agriculture, avec ou sans indemnité.

MEXIQUE

Loi du 14 juin 1890 (1).

Est susceptible d'être brevetée toute invention, toute découverte ou tout perfectionnement ayant pour objet un nouveau produit industriel, un nouveau mode de production ou une application de modes connus pour obtenir un résultat ou un produit industriel. Les produits chimiques ou pharmaceutiques peuvent obtenir des privilèges (art. 2).

Ne sont pas brevetables : 1º Les inventions ou perfectionnements dont l'exploitation serait contraire aux lois prohibitives ou à la sécurité publique ; 2º Les découvertes ou principes purement spéculatifs et non traduits en machine, appareil, instrument, procédé ou en quelque opération mécanique ou chimique, d'un caractère industriel pratique (art. 4).

Une invention ou un perfectionnement ne sont pas tenus pour nouveaux quand ils ont reçu au Mexique ou à l'étranger, antérieurement à la demande du privilège, une publicité suffisante pour leur mise à exécution, sauf au cas où cette publicité aurait été faite par une autorité étrangère apte à délivrer les brevets et dans le cas où l'invention aurait été présentée dans des expositions ouvertes sur le territoire étranger ou mexicain (art. 3).

Les brevets sont délivrés sans examen préalable et sans

(1) *Annales,* 1891, p. 210.

garantie de la nouveauté et de l'utilité de l'invention (art. 5).

Le droit de demander un brevet pour une invention déjà brevetée à l'étranger n'appartient qu'à l'inventeur ou à son représentant légitime (art. 11).

Pendant un an à compter de la date de leur brevet, les inventeurs jouissent du droit exclusif de demander des brevets de perfectionnement (art. 12).

La durée des brevets est de 20 ans à partir de la délivrance (art. 13) ; elle peut être prolongée de 5 ans dans des cas exceptionnels, au jugement du pouvoir exécutif (art. 14).

Les brevets peuvent être expropriés pour cause d'utilité publique (art. 15).

PORTUGAL

Code civil portugais (1868), 2e *partie, livre I* (1).

Quiconque invente un produit industriel ou un objet matériel commerçable, quiconque perfectionne ou améliore un produit ou un objet connu de même nature ou découvre un moyen plus facile et moins coûteux de l'obtenir, jouit de la propriété de son invention ou de sa découverte pour la durée de 15 ans. Toutefois quand l'inventeur est déjà breveté en pays étranger, la durée du brevet portugais est limitée à celle du brevet pris dans ce pays (art. 613).

Les inventions ou découvertes relatives à des industries ou à des objets illicites ne sont pas brevetables (art. 615).

L'expropriation des inventions ne peut être décrétée que par une loi, dans le cas où elle serait exigée par l'utilité publique (art. 618).

(1) *Annales*, 1891, p. 216.

L'inventeur peut, pendant la durée de son brevet, obtenir une addition ou un privilège nouveau (art. 621). Pendant la première année, un privilège de perfectionnement concernant la même invention ne peut être accordée qu'au breveté (art. 622).

RUSSIE

Ukase du 22 *novembre* 1833, § 1 *et suiv.* (1).

Un privilège est accordé à toute découverte, invention ou perfectionnement d'un objet quelconque d'utilité publique, ou d'un procédé de fabrication dans les arts, les métiers et les manufactures (art. 116).

Une invention brevetée à l'étranger peut être protégée en Russie, mais le privilège obtenu pour cette importation expire avec la patente étrangère. Quant aux inventions connues et même décrites dans d'autres pays, mais qui n'y sont pas brevetées, elles peuvent exceptionnellement obtenir des privilèges en faveur de leur utilité particulière et en considération des frais qu'exige leur introduction (art. 122).

Il n'est point accordé de privilèges pour de simples principes, dont on n'indique pas d'applications industrielles (art. 123) ; — ni pour des découvertes insignifiantes qui annoncent seulement la sagacité de l'inventeur, sans qu'on puisse en attendre aucun avantage réel ; — ni pour les inventions qui peuvent devenir préjudiciables à la société ou faire tort aux revenus de l'État (art. 124).

Le conseil des manufactures examine s'il a déjà été accordé un privilège pour le même objet à une autre per-

(1) Blanc et Beaume, *Code gén. de la prop. ind.*, p. 506 et suiv.

sonne, si la découverte est susceptible de produire des résultats utiles, si elle n'est pas contraire à la santé et à la
sécurité publiques (art. 128). Mais le privilège est délivré
sans aucune garantie du gouvernement (118).

SUÈDE

Ordonnance royale du 19 août 1856 (1).

Sont brevetables : 1° Les inventions nouvelles concernant l'industrie ou les arts ; 2° Les perfectionnements apportés à des inventions plus anciennes du même genre (§ 2).

L'inventeur seul peut obtenir un brevet (§ 4).

Si l'invention a déjà été brevetée à l'étranger et par suite
publiée, son auteur peut néanmoins obtenir en Suède un
brevet dont la durée est limitée à celle de la patente étrangère (§ 5).

La durée du brevet varie entre trois et quinze ans, suivant la nature et l'importance de l'invention (§ 3).

On ne peut breveter : 1° Les préparations médicinales ou
les inventions dont l'usage est contraire aux lois, à la sécurité publique et aux bonnes mœurs ; 2° Les principes en
eux-mêmes dont l'application seule est brevetable (§ 2) (2).

SUISSE

(Loi du 23 juin 1888) (3).

Des brevets sont accordés aux auteurs d'inventions nouvelles applicables à l'industrie et représentées par des modèles (art. 1).

---

(1) *Annales*, 1857, p. 257.

(2) Une loi récente du 7 nov. 1884, entrant en vigueur le 1er janvier
1885, permet au breveté de prendre des certificats d'addition.

(3) *Annales*, 1889, p. 5.

Ne sont pas considérées comme nouvelles les inventions qui, au moment de la demande du brevet, sont suffisamment connues en Suisse pour pouvoir être exécutées par un homme de métier (art. 2).

La durée du brevet est de 15 ans à partir de la date de la demande.

Le propriétaire d'un brevet qui apporte un perfectionnement à l'invention brevetée peut obtenir, moyennant le paiement d'une taxe unique de 20 francs, un brevet additionnel prenant fin avec le brevet principal (art. 7).

Une personne non domiciliée en Suisse ne peut prétendre à la délivrance d'un brevet et à la jouissance des droits qui en découlent que si elle a nommé un mandataire domicilié en Suisse (art. 11).

Le propriétaire d'un brevet qui se trouve dans l'impossibilité d'exploiter son invention sans utiliser une invention brevetée antérieurement peut exiger du propriétaire de cette dernière l'octroi d'une licence s'il s'est écoulé 3 ans depuis le dépôt de la demande relative au premier brevet et que la nouvelle invention ait une réelle importance industrielle (art. 12).

Lorsque l'intérêt général l'exige, l'assemblée fédérale peut, à la demande du conseil fédéral ou d'un gouvernement cantonal, prononcer l'expropriation d'un brevet aux frais de la confédération ou d'un canton. Le tribunal fédéral fixe l'indemnité due au propriétaire du brevet (art. 13).

Il peut être délivré à l'inventeur un brevet provisoire qui a pour seul effet d'assurer à son propriétaire, pendant un délai de 2 ans, le droit d'obtenir un brevet définitif nonobstant la publicité qui pourrait être donnée à l'invention dans l'intervalle. Avant l'expiration du délai de 2 ans, l'inventeur doit se faire délivrer un brevet définitif après avoir fourni la preuve qu'il existe un modèle de l'objet breveté ou que cet objet lui-même existe (art. 16).

TURQUIE

Loi du 1er mars 1880 (1).

Les dispositions de cette loi sont presque identiques à celle de la loi française.

Il importe seulement de signaler l'article 12 aux termes duquel les inventions relatives aux armes et aux munitions de guerre et qui peuvent être utiles à l'armée ou à la marine, sont envoyées avec la demande au département de l'artillerie et de la marine. Les inventions qui sont déclarées utiles et avantageuses pour l'Etat sont brevetées et l'autorité compétente s'entend avec l'inventeur pour lui acheter l'invention à un prix en rapport avec son utilité.

URUGUAY

Loi du 13 novembre 1885 (2).

Sont considérées comme découvertes ou inventions brevetables : les nouveaux produits industriels, les moyens nouveaux ou l'application nouvelle de moyens déjà connus pour obtenir un résultat ou produit industriel (art. 4).

Ne peuvent être brevetés : les plans financiers ; — les découvertes ou inventions suffisamment connues dans le pays ou hors du pays par des brochures ou journaux imprimés ; — celles qui sortent du domaine de la théorie et dont l'application n'a pas été pratiquement démontrée ; les compositions pharmaceutiques ; — celles qui seraient

(1) *Annales*, 1885, p. 129.
(2) *Annales*, 1886, p. 97.

contraires aux bonnes mœurs et aux lois de la République (art. 5).

La nation ne garantit ni la priorité, ni le mérite des découvertes ou inventions (art. 6).

L'industriel breveté à l'étranger qui sollicite un privilège pour établir son industrie dans le pays peut obtenir une patente pourvu qu'il se trouve dans la première année de l'exploitation privilégiée ; qu'il soit lui-même l'inventeur, son fondé de pouvoir ou son cessionnaire (art. 2).

Les patentes sont délivrées pour 3, 6 ou 9 ans (art. 7).

Toute personne qui perfectionne une découverte ou invention brevetée a droit à solliciter un certificat d'addition dont la durée ne peut excéder celle du brevet principal... L'impôt est le tiers de l'impôt correspondant au privilège si c'est le propriétaire du privilège qui sollicite le certificat et des deux tiers si c'est une autre personne (art. 27).

Si c'est une autre personne que le propriétaire qui obtient le certificat d'addition, elle ne jouit en entier de l'exploitation de son invention qu'à la condition de payer à l'inventeur primitif une prime fixée par des experts (art. 29). L'inventeur breveté peut opter pour la prime ou pour l'exploitation du perfectionnement en concurrence avec celui qui l'a apporté (art. 30).

VÉNÉZUÉLA

Loi du 25 mai 1882 (1).

Peut obtenir un brevet toute personne qui a inventé ou découvert quelque industrie nouvelle ou utile, machine, manufacture ou composition de matières, ou bien quelque

(1) *Annales*, 1885, p. 97.

7

perfectionnement nouveau ou utile de ces objets (art. 1).

Pour que la découverte, l'invention ou le perfectionnement soient brevetables il faut qu'ils ne soient pas connus déjà ou employés par d'autres dans le pays, qu'ils n'aient pas été brevetés ou décrits dans une publication imprimée dans la République ou à l'étranger ou qu'ils n'aient été en usage public ou en vente pendant plus de deux ans antérieurement à la demande, à moins de preuve d'abandon (art. 1).

Le gouvernement ne garantit ni l'exactitude, ni l'utilité, ni la priorité de l'invention ou de la découverte (art. 3).

La demande de brevet doit déclarer sous serment que le pétitionnaire est effectivement l'inventeur (art. 5).

Les brevets sont concédés pour 5, 10 ou 15 ans et sont déclarés nuls six mois, un an et 2 ans après leur concession si durant ce laps de temps l'invention n'a pas été exploitée (art. 6).

Toute personne qui a obtenu un brevet à l'étranger pour une invention ou une découverte peut l'obtenir au Vénézuéla si aucun autre ne l'a obtenu déjà. En ce cas, le brevet n'est accordé que pour le nombre d'années qui sert à courir jusqu'à l'expiration de celui obtenu dans un autre pays (art. 12).

Les inventions, améliorations ou nouvelles industries nuisibles à la santé ou à la sécurité publique, aux bonnes mœurs ou à des droits antérieurs ne peuvent être brevetées.

Il en est de même des compositions pharmaceutiques ou des remèdes d'espèce ou de forme quelconques (art. 17).

JURISPRUDENCE

(Classée comme les Brevets, par ordre des matières).

———

I. — AGRICULTURE

Machines agricoles. — Engrais et amendements. — Travaux de vidange. — Travaux d'exploitation. — Horticulture. — Meunerie. — Boulangerie.

1. — Est nul le brevet pris pour la substitution du fer au bois dans la construction des *bâches ou châssis de couches.*

(Paris, 20 mars 1847. Peyen *c.* Tronchon. — Dalloz, 47-2-109).

2. — N'est pas brevetable un système de décantation consistant à effectuer dans les *fosses d'aisances* elles-mêmes, la séparation des liquides et des solides, à l'aide de sels métalliques et autres agents chimiques qui produisent ce résultat par leur propre nature sans emploi d'aucun procédé particulier.

(Cass., 20 déc. 1851. Quesney. — Dalloz, 52-5-63).

3. — L'emploi comme *engrais* du phosphate de chaux pulvérisé étant connu, il ne peut y avoir matière à brevet dans le fait d'avoir découvert des gisements de phosphates de chaux de qualité supérieure et d'en avoir vulgarisé l'emploi en démontrant qu'ils pouvaient être employés purs après une simple pulvérisation et sans autre préparation ni adjonction.

(Paris, 17 mai 1861. — Demolon c. Chéry, *Annales*, 61-235).

4. — Est valable le brevet pris pour un perfectionnement aux *charrues* consistant dans la courbure de l'étançon, destiné à éviter que l'instrument entraîne dans sa marche les terres et les racines. En vain prétendrait-on que ce **changement de forme** est de peu d'importance et d'utilité, s'il est constant qu'il produit un résultat industriel.

(Paris, 15 juin 1861. — Sagette c. Vallée et Busigny, *Annales*, 61-209).

5. — Est brevetable, comme **application nouvelle** l'emploi du métier à tisser pour la *fabrication des paillassons destinés à la grande culture*, et notamment la substitution dans ce métier de fils de fer aux ficelles employées comme chaînes.

(Paris, 26 juillet 1861. — Guyot, c. Calais, *Prop. ind.*, 26 sept. 1861).

6. — Est brevetable, comme **application nouvelle** de moyens connus, la réunion d'éléments du domaine public appliqués au *transport inodore des vidanges* : des tonneaux, un bateau et un réchaud servant à la combustion des gaz délétères.

(Colmar, 17 déc. 1863. — Lesage c. Courdier, *Annales*, 65-434).

7. — La propriété du soufre comme *moyen préservatif et curatif de l'oïdium* étant connue, il y a néammoins **application nouvelle** brevetable dans le fait de mélanger le soufre avec du charbon de terre, dans une certaine proportion et par des procédés propres à lier les molécules des deux matières, de manière à fixer le soufre sur la plante et à rendre ainsi son action plus sûre et plus efficace.

(Bordeaux, 20 juin 1867. — Coulet et Chausse, c. Dufour et Cie, *Annales*, 68-348).

8. — Un brevet ayant été pris pour un procédé de *net-toyage de grains* à l'aide d'une addition de sable fin ou autre matière inerte agissant comme corps dur et produisant un frottement au moment de la mise en mouvement du tarare ou de tout autre appareil nettoyeur, un autre brevet peut être valablement pris pour un procédé de nettoyage à l'aide d'une addition, dans les grains, de chaux ou d'alun pulvérisés, matières ayant une action chimique et produisant, avec le nettoyage, l'assainissement des grains.

> (Trib. civ. Compiègne, 10 janv. 1872. — Balonchard *c.* Chen-neval, *Annales*, 72-189).

9. — Est brevetable comme **application nouvelle** l'adaptation aux *pressoirs de raisins* du levier à double branche employé dans d'autres industries ; cette disposition permettant d'utiliser, dans chaque mouvement de va-et-vient, toute la force appliquée au levier, dont une grande partie était perdue dans les systèmes antérieurs.

> (Montpellier, 7 janv. 1874. — Mabille, *c.* Bureau, *Annales*, 74-107).

10. — Est brevetable l'idée de disposer sur des *échalas métalliques* des pointes à rivet destinées à protéger tous les arbres fruitiers de l'atteinte de toute espèce d'animaux. Il en est de même pour l'idée de substituer aux pointes de fer horizontales, des aspérités empruntées aux tiges en fer que l'on découpe à certains intervalles, aspérités qui garantissent les arbres de tout frottement et ne peuvent occasionner aux animaux de blessures sérieuses.

> (Caen, 4 juillet 1876. — Lepainteur, *c.* Derat, *Annales*, 82-27).

11. — Il n'y a pas invention brevetable dans le fait d'exécuter en fer des *armures d'arbres* qui étaient depuis longtemps fabriquées en bois.

> (Rouen, 22 mars 1878. — Lepainteur *c.* Gaudon, *Annales*, 82-24).

12. — Est nul, comme portant sur un remède, le brevet pris pour un *liquide destiné à être administré aux animaux ruminants atteints de météorisation*.

(Poitiers, 28 déc. 1882. — Ménard *c*. Arthus, *Annales*, 83-166).

13. — Le fait que les tourteaux aient été précédemment employés dans l'industrie agricole comme *engrais*, n'empêche pas qu'il y ait application **nouvelle** brevetable dans le fait de les utiliser comme appât dans l'industrie de la pêche à la sardine.

(Rennes, 1er juillet 1885 et Rej., 31 mars 1886, Ispa *c*. dame Bossenac, *Annales*, 86.333).

II. — HYDRAULIQUE.

Moteurs hydrauliques. — Appareils autres que les moteurs hydrauliques.

14. — Est brevetable l'idée de substituer un métal à la pâte de carton habituellement employée pour les *figurines hydrauliques* mises en mouvement par la force ascensionnelle des jets d'eau.

(Paris 29 janvier 1857. Leclerc c. Pierret. *Annales* 57, 60).

15. — Est valable le brevet pris pour des modifications et perfectionnements apportés à une *pompe destinée à élever ou conduire les liquides et à en régler la pression*, alors même que le principe de cette machine aurait été divulgué antérieurement par la prise d'une patente anglaise.

Les modifications étaient les suivantes : 1° Forme du fond de la pompe à air et base du piston disposés de façon à empêcher les huiles qui servent à lubrifier l'appareil, d'être entraînées dans le réservoir d'air et dans les liquides ; 2° Substitution aux robinets ordinaires de robinets à soupapes étanches aux plus fortes pressions et de tuyaux flexibles se fermant par le simple écrasement ; 3° Substitution aux régulateurs à soufflet agissant sur les robinets ordinaires dont ils règlent la marche, de régulateurs à action directe supprimant les pertes d'air et plus réguliers dans leur action.

(Paris, 1er août 1861 et Cass., 13 avril 1863. Gougy c. Marie, *Annales*, 63, 263).

16. — Est nul le brevet pris pour un perfectionnement apporté à la construction *des turbines* et consistant à intercaler entre leurs aubes ordinaires des demi-aubes d'une longueur égale à la moitié des premières. Il faut voir là une simple **juxtaposition de dispositifs** qui sont tous deux dans le domaine public et qui n'ont aucune liaison obligée et aucune action réciproque, utile et nouvelle.

(Cass., 1er mars 1862. Hiss *c.* Vve André, *Annales*, 62, 215).

17. — Est brevetable comme constituant une **application nouvelle** de moyens connus, une disposition mise en pratique dans d'autres genres de machines, mais appliquée pour la première fois aux *pompes à main*, disposition qui consiste à adapter le volant non sur l'arbre auquel s'articule la tige de la pompe, mais sur un arbre superposé au précédent et sollicité par un engrenage qui, en communiquant à ce second arbre une plus grande vitesse, augmente, dans le rapport du carré des vitesses angulaires de ces deux arbres, l'action régulatrice du volant.

(Cass., 15 juillet 1867, Verset *c.* Lefort, *Annales*, 67, 321).

18. — Est brevetable comme constituant une **application nouvelle** de moyens connus, un système de *robinet flotteur*, destiné à faciliter l'écoulement des liquides renfermés dans un réservoir et à en prévenir le débordement, système caractérisé par les dispositions suivantes : 1° La lentille du ballon flotteur est fixée à l'extérieur du levier par une tige mobile à fourche qui se manœuvre facilement, rend le ballon mobile, et permet, par allongement ou par raccourcissement à l'aide d'une vis, de régler le niveau des liquides renfermés dans le réservoir ; 2° La tige qui agit directement sur la soupape est fixée à la tête du corps du robinet, et munie d'une lumière pour le passage du levier qui transmet le mouvement ; le levier ayant un point d'appui à pivot dans une chape également fixée à la tête du robinet.

(Cass., 21 janv. 1869, Cadet et Cie, *c.* Savaglio. *Annales*, 69,186).

19. — On ne saurait voir une invention brevetable dans le fait de revêtir les *pistons des presses hydrauliques* d'une enveloppe ou bague de cuivre, disposition qui ne produit aucun avantage appréciable et constitue au contraire un procédé inférieur à celui qui était en usage depuis longtemps.

(Rennes, 17 juillet 1871. Cass., 26 mars 1873. Leblanc et Hourret *c.* Pelletreau. *Annales*, 73,177.)

20. — Est brevetable l'application aux *pompes élévatoires*, des pistons effilés qui n'étaient appliqués jusque-là qu'aux pompes de condenseurs ou pompes à air servant, dans les machines à vapeur, à expulser le produit de la condensation. — Constitue en tout cas une **combinaison nouvelle de moyens connus** la disposition d'un semblable piston adapté à un corps de pompe, d'une forme appropriée, pour réglementer la vitesse du piston plongeur dans l'eau aspirée et refoulée ; il y a là en effet un résultat industriel consistant en une augmentation de vitesse et de rendement et une économie de frais, résultat industriel qui disparaît si l'on supprime l'un des moyens combinés.

(Trib. civ. Seine, 3 août 1888. Farcot *c.* Lecouteux et Garnier, *Annales*, 91.296).

21. — Constitue une **application nouvelle** de moyens connus le fait d'employer la bascule romaine à mesurer des liquides en pesant le liquide à mesurer, au moyen d'un vase contenant une quantité déterminée du même liquide, aucun moyen pratique n'ayant été indiqué jusque là pour mettre en application le principe du *pesage des liquides* par les liquides.

(Paris, 19 juin 1890. Sourbé *c.* Min. du commerce, *Annales*, 90.252, et Cass., 1er fév. 1892. *Annales*, 92.103).

III. — CHEMINS DE FER ET TRAMWAYS

Voies. — Locomotives et locomotives routières. — Voitures et accessoires. — Appareils divers se rapportant à l'exploitation.

22. — Est valable le brevet pris pour un *joint mobile* par voie d'enclanchement libre sans boulons ni clavettes, appliqué aux *rails de chemin de fer*, procédé qui a pour résultat de faire disparaître les inconvénients d'une rigidité absolue, en établissant une certaine mobilité, qui empêche que l'enfoncement d'un des supports ne produise le soulèvement de l'autre.

> (Cass., 22 décembre 1855. Marchal, Henri et Bessas Lamégie *c.* Cie du chemin de fer d'Orléans. *Annales*, 56,10.)

23. — Le domaine public étant en possession de différents appareils pour *le graissage mécanique des arbres de couche des machines et des essieux de locomotives*, appareils dans lesquels se trouvent, comme organes essentiels, un réservoir et un éleveur d'huile ou de mèche capillaire, il y a invention brevetable dans le fait de donner à ces organes des combinaisons et dispositions particulières dont l'ensemble réalise des résultats industriels qui, jusqu'alors, n'avaient pas été obtenus dans les mêmes conditions (*paliers graisseurs*).

> (Paris, 11 janvier 1859. Ch. de fer du Nord *c.* Coster. *Annales*, 61,129).

24. — Est valable le brevet pris pour un nouveau mode de *traverses de chemin de fer* (appelées traverses à table de pression) établies avec des bois plus faibles que ceux em-

ployés habituellement et renforcées par l'addition de se-
melles.

(Paris, 10 février 1859. Pouillet et Cie c. Graissessac. *Annales*, 59,170).

25. — Est brevetable comme **application nouvelle** de
moyens connus un procédé de fabrication des *essieux coudés de locomotives*, consistant : 1° Dans l'emploi de mises
de fer superposées ; 2° Dans l'usage d'étampes horizontales d'une forme déterminée — dispositions usitées en mé-
tallurgie, ayant pour résultat de donner à l'essieu plus de
solidité en maintenant la continuité et le parallélisme de
ses fibres.

(Lyon, 8 mars 1859. Russery et Lacombe c. Petit Gaudet et Cie. *Annales*, 59, 137).

26. — Est valable le brevet pris pour un système d'*essieux coudés de locomotive* qui, au lieu d'être découpés dans
la masse du fer, sont courbés par le ployage, l'étirage et
l'étampage, de manière que les fibres du fer restent toujours parallèles. On ne saurait considérer comme antériorité un passage du manuel Roret dans lequel on recom-
mande d'employer le système du pliage à chaud, mais
seulement pour les essieux de locomotive dont le diamètre
ne dépasse pas 6 centimètres, alors que le procédé breveté
s'applique aux essieux de toutes dimensions, ce qui était
reconnu impraticable jusqu'alors.

(Lyon, 4 janvier 1872. Cass., 18 nov. 1872. Petin Godet et Cie c.
Société des forges, fonderies et aciéries de St-Étienne. *Annales*, 73-113).

27. — Un système d'étampage pour la *fabrication des
mains de ressort* de voiture étant appliqué depuis longtemps
dans l'industrie de la ferronnerie à des fers ronds, demi-
ronds ou carrés, il n'y a pas **application nouvelle** dans le

fait de l'adapter aux fers ovulaires, dans des conditions et en vue de résultats analogues.

Mais est brevetable un outillage spécial simplifiant, dans la fabrication des mains de ressorts de voiture, la partie dite « oreille », outillage consistant en une matrice formée de quatre pièces distinctes dont trois, une partie centrale et deux parties latérales, sont rapprochées par un moyen de compression quelconque pour ne former qu'un tout, au moment du fonctionnement, et dont la quatrième partie, la pièce supérieure, forme étampe ou poinçon et s'adapte avec précision au-dessus des trois autres.

(Nancy, 18 juin 1881. Liégeois c. Moreaux. *Annales*, 82-28).

28. — Est brevetable un système de croisement de *chemin de fer* dont tous les éléments connus, au lieu d'être isolés, sont réunis dans une solidarité complète, de façon que le croisement devient plus facilement transportable et que sa pose et sa dépose s'opèrent d'une façon instantanée, sans le concours d'un personnel spécial.

(Paris, 18 juillet 1889 et Cass., 18 janvier 1890. — Decauville c. Guitton. *Annales*, 90, 192).

29. — Est valable une **combinaison nouvelle d'éléments connus** (tronçons de voie et organes de jonction) ayant pour résultat industriel d'effectuer plus rapidement et plus facilement la *pose des tronçons de voie*, de diriger le même tronçon de voie courbe à volonté vers la droite ou vers la gauche et de donner plus de solidité à l'ensemble.

(Lyon, 11 juillet 1890. — Decauville c. Weitz. *Annales*, 91-311).

30. — Il n'y a pas application nouvelle mais simplement **emploi nouveau** non brevetable dans le fait d'adapter à une caisse *de wagonnet* un système de support employé antérieurement dans les mêmes conditions pour des théières et bouilloires (la caisse était munie à chaque bout, de deux tourillons reposant sur deux supports de telle sorte qu'elle se maintenait en équilibre, sans crochets, chaînes ou taquets, et pouvait se renverser dans les deux sens par le seul effet d'une faible poussée).

(Paris, 21 février 1893. — Suc. c. Decauville. *Annales*, 93, 30).

IV. — ARTS TEXTILES

Filature. — Teinture. — Apprêt et impression. — Papiers peints. — Tissage. — Passementerie. — Tricots. — Tulles, dentelles et filets, broderies.

31. — Est valable le brevet pris pour un procédé de *teinture des étoffes en ombre* par le pliage et le trempage effectués mécaniquement, tandis qu'autrefois ces opérations avaient lieu par l'action directe de la main.

(Douai, 31 mars 1846. — Depouilly *c.* Descat. Dalloz, 47, I, 222).

32. — Est brevetable un procédé de *graissage des laines* à l'aide de l'acide oléique, résidu des bougies stéariques.

(Cass., 20 août 1851. — Alcan et Peligot *c.* Bertèche. *Annales*, 70-71, 336).

33. — Est valable le brevet pris pour l'emploi, dans la *fabrication des châles*, de planches représentant une figure géométrique qu'on n'avait pas songé à utiliser auparavant.

(Cass., 21 avril 1854. — Revel, *Bull. crim.*, 54, 197).

34. — Le domaine public étant depuis longtemps en possession de différents systèmes d'*époutissage des étoffes* à l'aide de la pince, de la pierre ponce et du papier de verre, peut être valablement brevetée une machine opérant l'époutissage au moyen d'une lame dentelée qui tranche les boutons ou aspérités de l'étoffe au lieu de les user par des frottements répétés. Mais l'inventeur ne saurait poursuivre comme contrefaçon une machine à époutir dans laquelle la lame dentelée est remplacée par une lime qui opère par frottement, suivant le système du domaine public.

(Cass., 23 nov. 1855. — David-Lablez *c.* Lefèvre-Lacroix. *Annales*, 55, 200).

35. — Le moyen d'obtenir, par une trame supplémentaire, des *dessins en relief sur des tissus* étant anciennement connu et pratiqué dans l'industrie, il faut néanmoins voir une invention brevetable dans l'application de ce relevage en bosse aux étoffes de coton dites piqué.

(Cass., 15 mars 1856. — Delacourt *c.* Hugues et Rolland. *Annales*, 59, 97).

36. — Constitue un **produit nouveau** brevetable un *drap ayant l'aspect et le toucher du velours* que ne présentaient pas les étoffes à poil debout fabriquées auparavant.

(Paris, 30 juin 1856. — De Montagnac *c.* Deman et autres. *Annales*, 56, 264).

37. — Est nul le brevet pris pour un tissu composé de différentes *plantes textiles*, alors que ces matières avaient été employées auparavant dans la brosserie et même pour des fabrications de tissus. L'exploitation et la mise en valeur d'idées connues ne sauraient faire l'objet d'un brevet valable.

(Paris, 17 mars 1857. — Grellou *c.* Sormani. *Annales*, 57, 373).

38. — Est valable le brevet pris pour un perfectionnement apporté dans l'industrie de la *filature et du tissage de la laine* et qui, par l'agrandissement du diamètre de la base de la burette, par l'adjonction d'un cône sur la tête de la broche à laquelle il adhère, et enfin par les dispositions particulières données à ce cône, rend les ruptures de fil moins fréquentes, diminue les déchets et produit une économie de temps et d'argent.

(Rouen, 26 août 1857. — Delaunay *c.* Pollet. *Annales*, 57, 329).

39. — Il y a invention brevetable dans le fait de substituer, pour la fabrication du *velours épinglé*, à la bourre de soie employée seule auparavant, une combinaison de bourre de soie et de laine dans la chaîne et dans la trame. Ce changement de matière produisant un résultat industriel nouveau et susceptible d'être breveté.

(Paris, 18 nov. 1857. — Millet *c.* Laurens, *Annales*, 57,368).

40. — Est nul le brevet pris pour un système de fabrication au moyen duquel est réalisé mécaniquement un produit qui, auparavant, n'avait été fabriqué qu'à la main, et qui consiste en un *tapis de laine ou de fil* dit tapis mousse, présentant des poils plus ou moins allongés. On ne saurait voir une **application nouvelle** dans le fait d'appliquer les métiers à velours à la fabrication de ces tapis-mousse.

(Paris, 19 mai 1859.— Payoud *c.* Dournot. *Annales*, 59,387).

41. — Est valable le brevet pris pour un *châle* divisé en deux carrés, accouplés par le pliage avec une disposition de dessins dans chacun de ces carrés, disposition qui, combinée avec un système de pliage indiqué, doit produire douze ou seize effets divers, malgré l'envers de l'étoffe, cet envers étant caché par la superposition d'un carré sur l'autre (*résolu implicitement*).

(Paris, 8 juin 1859.— Couder *c.* Pagès-Baligot. *Annales*, 59,328).

42. — Est nul pour défaut de nouveauté le brevet portant d'une façon générale, sur la substitution, dans le *métier à tissage* (dit mull-jenny), d'une broche plus ou moins conique à la broche employée auparavant; cette substitution ayant pour résultat de produire une épeude parfaite. Il en est ainsi lorsque la description n'indique ni l'emplacement, ni la position du nouveau cône, ni sa longueur et son diamètre, ni son degré de conicité.

(Douai, 29 janv. 1859. — Delattre *c.* Delaunay. *Annales*, 60,5).

43. — Est valable le brevet pris pour un procédé d'*ap-*

prêt des soieries consistant dans la série d'opérations suivantes : 1° gommage préalable des étoffes en pièces et en
morceaux ; 2° application de ces étoffes sur des surfaces
chauffées, métalliques ou autres ; application accompagnée
d'un brossage quelconque de ces étoffes jusqu'à parfaite
dessiccation ; 3° suppression des picots ou attaches employés
auparavant.

> (Amiens, 2 juillet 1859. — Périnaud *c.* Terrasse. *Annales*,
> 59,265).

44. — *La teinture* par compartiments appliquée aux petites flottes étant dans le domaine public, est nul le brevet
pris pour le même procédé appliqué à des flottes un peu
plus grandes.

> (Lyon, 22 juillet 1859. — Charmetton *c.* Couturier. *Annales*,
> 59,286).

45. — Il y a invention brevetable dans le fait de fabriquer un dessin de *tulle brodé*, susceptible d'être employé
pour la toilette et l'ornementation, sans être l'objet d'un
travail spécial, soit de la couturière, soit de toute autre
ouvrière de ce genre, pour en arrêter les mailles et les
bords. Ce **produit nouveau** se distingue des tulles avec
dessins brodés à la pièce, susceptibles d'être découpés se-
lon le caprice du metteur en œuvre, en ce qu'il est arrêté
à la partie supérieure, au talon, et qu'il présente également
à l'autre bord, c'est-à-dire à la partie inférieure, du côté
des broderies, une résistance suffisante pour pouvoir être
cousu sur la robe ou tout autre objet sans travail préalable.

> (Douai, 17 août 1859. — Pearson et Topham *c.* Mullié. *Annales*,
> 61,9).

46. — Est valable le brevet pris pour un procédé de *pei-
gnage de la laine* consistant à présenter à l'organe peignant,
au moyen d'un système d'alimentation quelconque, le ru-

8

ban de laine brute, dont l'extrémité, après avoir été peignée et purgée de sa blousse, est saisie par des cylindres étireurs qui détachent du ruban alimentaire même les longs filaments, les arrachant à travers un peigne fixe appelé « nacteur », en sorte que les filaments détachés du ruban sont peignés successivement par les deux bouts, et sont ensuite rattachés et soudés aux filaments précédemment étirés, de manière qu'il en résulte un ruban continu.

(Paris, 23 nov. 1859. — Lister et Aolden c. Tavernier. *Annales*, 61,37).

47. — Le domaine public étant en possession de tissus dits *tulles brochés* qui se composent d'un fond de mailles uniformes dans chaque ligne horizontale, sur lequel les pleins en broché étaient superposés, en double épaisseur, il y a invention d'un **produit nouveau** brevetable dans le fait de créer un tissu joignant à l'avantage d'un réseau variable dans toutes ses parties et dans tous les sens, celui d'un broché moins épais, ce qui, en donnant au tissu plus de légèreté, le rend d'un aspect et d'un emploi plus agréables. Est également brevetable, le procédé employé pour obtenir ce tissu et consistant dans l'interversion non encore pratiquée de l'action des fils tisseur et brodeur, ainsi que des deux machines motrices.

(Paris, 29 déc. 1859. — Réal et Grégoire, c. Joyeux. *Annales*, 60, 74).

48. — Les *lavages successifs de la soie et de la bourre de soie* dans des bains de potasse et de dissolution de fer pour en détruire le duvet, étant connus, on ne saurait voir une invention brevetable dans le fait d'indiquer un dosage et une marche de l'opération spécialement convenables pour la bourre de soie employée dans la passementerie. Une semblable modification ne constitue qu'une **habileté de main**

d'œuvre ou de mise en pratique, non susceptible d'être brevetée.

(Paris, 21 janv. 1860. — Buer c. Royer et Roux. Le Hir, 64, 2, 28).

49. — *Les étoffes épinglées* étant connues, il n'y a pas
invention dans le fait de les fabriquer avec plus de solidité
(en obtenant sur un fond toile des côtes qui donnent au
tissu l'apparence de l'épinglé).

(Paris, 4 mai 1860. — Bernard c. Collet-Dubois. *Prop. ind.*,
17 mai 1860).

50. — L'idée de substituer pour le *calandrage et le moirage* des étoffes de coton, la pression mécanique à la pression qui résulte du poids, étant dans le domaine public, il
n'y a pas d'invention brevetable dans le fait d'appliquer
cette idée au calandrage et au moirage des *étoffes de soie.*
On ne saurait voir non plus une invention, ni dans la substitution de plateaux en fonte aux plateaux en pierre employés auparavant, ni dans la dimension réduite de ces plateaux, ni enfin dans l'emploi de galets et d'une vis motrice,
organes employés depuis longtemps en mécanique, dans
des circonstances analogues et pour obtenir le même effet.
Mais il faut voir une **application nouvelle** de moyens connus dans l'idée de produire une pression mécanique au
moyen de vis pression présentant une certaine élasticité,
par suite des bascules adaptées à l'un des plateaux.

(Lyon, 23 juin 1860. — Vignet c. Gantillon. *Annales*, 60, 418).

51. — La substitution dans une *étoffe* d'une trame plus
forte que celle qui était employée précédemment ne saurait
constituer une invention, quand elle laisse à l'étoffe ses
caractères constitutifs en modifiant seulement sa composition. Une étoffe appropriée au goût du jour par le dessin,
la couleur et la richesse du tissu peut bien constituer une

nouveauté, mais non un produit nouveau brevetable.

(Trib. civ. Lyon, 13 juin 1860. — Chavant c. Fontaine. Prop. ind., 25 oct. 1860).

52. — *Le tissu de reps et de satin* alternés étant dans le domaine public, on ne saurait considérer comme produit nouveau un tissu de drap alterné avec un sergé de quatre, alors que cette substitution d'un genre de satin à un autre s'opère par une simple modification dans le montage à laquelle toute personne versée dans cette fabrication pouvait arriver.

(Douai, 6 février 1861. — Bouchard-Florin c. Harinskouk. Annales, 61, 271).

53. — La fabrication *des galons à coquilles et à colonne* se faisant autrefois à la main, il y a invention brevetable dans le fait d'imaginer une **combinaison de procédés** consistant notamment dans l'emploi d'un battant à quatre navettes dont deux à double cannette et à pointiselles rétrogrades, navettes qui fonctionnent à tour de rôle et reçoivent leur impulsion du métier même.

(Lyon, 25 juillet 1862. — Roche, Brunot, Bony et Cie c. Escoffier. Annales, 63, 215.

54. — Est valable le brevet pris pour un procédé qui consiste à faire disparaître les *époutils* par la *teinture* même propre à la laine en disposant par un mordançage ses fibres végétales à recevoir les liqueurs colorantes, en maintenant le bain colorant au même degré de concentration, et en opérant moins par immersion que par précipité ou pluie continue, soit encore par un passage rapide du tissu dans un bain concentré et saturé d'alcali.

(Rouen, 7 févr. 1863. Cass. 8 août 1863. — Joly c. Bordeaux et autres. Annales, 64-28).

55. — *Le déraillage mécanique des étoffes* étant connu, il y a néanmoins **application nouvelle** de moyens connus brevetable, dans le fait d'imaginer un perfectionnement qui consiste à placer les quatre points d'attache de l'étoffe aux quatre bandes du métier, et l'un des points sur lequel se meuvent ces quatre bandes, sur autant de lignes droites, dans un état de parallélisme parfait et constant.

(Lyon, 25 fév. 1863. — Delharpe c. Macculoch. *Annales*, 64,309).

56. — Le domaine public étant en possession d'un procédé de fabrication de *tissus* imitant les fourrures et spécialement l'*astrakan*, procédé qui consiste dans les trois opérations suivantes ; 1° Frisement et ondulation des fils précédemment teints : 2° Bain de vapeur fixant le résultat ; 3 Tissage postérieur ; on ne saurait voir une invention brevetable dans le fait d'obtenir des boucles moins grosses avec des mèches plus fines.

(Cass., 20 août 1863. — Favre c. Rodier. *Annales*, 64, 90).

57. — On ne saurait voir une invention brevetable dans le fait de *blanchir préalablement à tout filage et tissage les cotons bruts* qui auparavant n'étaient blanchis qu'après avoir été convertis en tissus. Cette simple **interversion** dans l'ordre d'opérations nécessaires ne peut être considérée comme une application nouvelle de moyens connus.

(Caen, 15 fév. 1865. — Robillard c. Jarriel. *Annales*, 66, 36).

58. — Est valable le brevet pris pour un appareil destiné à *régulariser la formation du fond des bobines sur les métiers self-acting*, système qui permet d'obtenir automatiquement la variation du point d'action de la contre-baguette, sur l'appareil compensateur, en employant la tension du fil pour commander le système de compensation, tandis que jusqu'alors, dans tous les régulateurs qui avaient été tentés pour la formation du fond de la bobine, l'abaissement progressif du point d'action de la contre-baguette sur la vis du secteur n'avait pu s'effectuer qu'à l'aide de la main de l'ouvrier auquel la tension du fil servait seulement de guide.

(Colmar, 29 nov. 1865. — Mœcke c. Lamey. Annales, 66, 357).

59. — Est valable le brevet pris pour un procédé de *fabrication des étoffes de soie façonnées*, dans lequel on emploie deux chaînes : l'une portant des dessins imprimés, l'autre qui, formant un second tissu, par le travail dit du façonné, entoure et arrête les contours de ces dessins, ces contours pouvant aussi, dans ce travail, être arrêtés par un effet de la trame reposant sur les deux chaînes. Il y a là une **combinaison nouvelle** du procédé déjà connu de l'impression sur chaîne et du procédé dit du façonné qui a son principe dans la multiplicité des chaînes et le travail de la machine Jacquard.

(Lyon, juin 1866. — Ronze et Vachon c. Détroyat. Le Hir, 68,2,94).

60. — Le casse-fil et les fournisseurs étant connus depuis longtemps comme organe du *métier circulaire*, il faut voir une **application nouvelle** brevetable dans le fait de les combiner en vue d'un résultat nouveau qui consiste à localiser la casse de fil dans un premier parcours et à en produire un second d'une longueur suffisante pour empêcher la rentrée du fil cassé dans le métier.

(Caen, 21 juin, 1866. — Lemasson c. Marquet. Annales 67,291).

61. — Est valable le brevet pris pour une machine dite *ratineuse-onduleuse* qui, par la combinaison de ses divers mouvements, soit de rotation, soit horizontale rectiligne, fait indifféremment du ratiné et de l'ondulé, et qui, par la variété de ses tables mobiles, permet de changer et de multiplier les dispositions dont chacun de ces genres d'apprêts est susceptible. On ne saurait voir une antériorité dans une machine susceptible de produire alternativement de la ratine et de l'ondulé, mais dans laquelle le mouvement rectiligne horizontal est à course uniforme, au lieu d'être, comme dans la machine brevetée, donné par deux excentriques à formes variables, disposition qui produit des ondulés dont le dessin, les proportions et les formes varient au gré du fabricant.

(Rouen, 26 nov. 1866. Cass., 27 avril 1868. — Vᵉ Beck et Quidit c. Carbonnier. *Annales* 68, 260).

62. — On ne saurait voir une invention brevetable dans le fait de substituer, sur les cylindres servant à l'*égrenage du coton*, des cuirs minces de toute espèce reliés ensemble par la colle forte ou la gutta-percha, aux peaux de buffles ou d'hippopotames employées auparavant. Il y a là un simple **changement de matière** ne donnant aucun avantage appréciable.

(Aix, 18 mai 1867. — Dhionnet c. Pelissier, Le Hir, 68,2,30).

63. — La boîte à dévider étant connue, **il n'y a pas application nouvelle** à livrer aux consommateurs chaque pelote de fil dans *une boîte à dévider* en forme de capsule.

(Cass., 24 mars 1868. — Crespel, Sirey, 69, 1, 25).

64. — Est valable le brevet pris pour un procédé qui consiste à disséminer sur les *étoffes* une liqueur visqueuse projetée vivement, comme une espèce de pluie ou brouillard, déposant un semis de petites parcelles brillantes, d'inégale grosseur, mais toutes sphéroïdales, transparentes et réfringentes, et formant une poussière de perles appelée *pluie de diamants*. Il y a là création d'un **produit nouveau.**

(Lyon, 24 juillet 1868. — Meyer et Agnellet c. Gantillon, *Annales*,68-342.— Id. Paris, 1ᵉʳ juillet 1870, *Annales*, 72,74).

65. — Est valable le brevet pris pour une machine d'étirage à peignes cylindriques pour la *filature des déchets de soie* ou autres matières textiles, composée de plusieurs peignes cylindriques ou hérissons ayant les dents inclinées en sens inverse de la marche du mouvement d'une bande sans fin, et de petits rouleaux adaptés au cylindre tendeur, qui forcent la bande flexible à appuyer sur les peignes et à les envelopper en partie. On ne saurait voir une antériorité ni dans une machine à peigner et à tisser dont le système consiste à conduire la matière textile jusqu'aux rouleaux d'étirage en la faisant passer sur une bande sans fin garnie de dents ou crochets, dans lesquels elle est refoulée par un gros cylindre uni qui pèse sur la bande, ni dans une machine composée d'un seul cylindre enveloppé, garni de dents, de cordes à crochets, travaillant la matière étendue sur un cuir sans fin qui seul la guide et la conduit.

(Lyon, 1er juillet 1870. — Warnery c. Durand, Le Hir, 71,2,166).

66. — Est valable le brevet pris pour une modification apportée aux métiers à tricot et aux procédés déjà connus pour la *fabrication des bas à losange, sans envers, en tricot dit côte anglaise*, modification permettant de fabriquer ces bas avec une rapidité, une perfection et une utilité industrielles jusqu'alors inconnues, au moyen des dispositions suivantes : entraînement régulier et simultané de quatre règles porte-fils par la friction d'une plate-bande qui leur sert de support ; — disposition desdites règles qui leur permet de fonctionner indépendamment les unes des autres ; — réglage automatique de la course uniformément variée des quatre règles par un système de crémaillères indépendantes de ces règles, lesquelles crémaillères sont appliquées sur la plate-forme de la machine par deux colliers et sont mues par un compteur fendu à sa circonférence en autant de parties que l'on peut mettre d'aiguilles dans les losanges à former.

Les bas ainsi obtenus sont de véritables **produits nouveaux.**

(Amiens, 2 mars 1871. — Bail c. Choquet. *Annales*, 72,126).

67. — L'industrie de la teinture étant en possession
d'une machine appelée « faudeur » pour le pliage des
laines qui ont subi l'action de la couleur, on ne saurait voir
une invention brevetable dans le fait d'employer cette
machine pour l'apprêt dit *fixage des tissus*. Mais l'adjonction d'un ventilateur pour refroidir les tissus soumis au
pliage et au fixage constitue une invention brevetable.

(Paris, 12 mars 1871. — Cass., 13 janv. 1872. Boulogne c. De-
lamotte. *Annales*, 72, 215).

68. — Est valable le brevet pris pour un procédé ayant
pour but d'arrêter automatiquement *le métier* quand un des
fils vient à casser, résultat obtenu par la disposition suivante : un circuit électrique est établi entre une pile vol-
taïque et un électro-aimant disposé pour agir sur la
machine, circuit interrompu au moyen de deux auges
juxtaposées et contenant du mercure ; au-dessus de ces
auges passent les fils de la chaîne, surmontés chacun des
cavaliers ou fourchettes en métal ; lorsque le fil vient à se
rompre, le cavalier descend et plonge par ses deux branches dans le mercure des deux auges ; aussitôt le courant
électrique est rétabli, l'électro-aimant s'anime et fait fonctionner un mécanisme qui arrête le métier.

(Trib. corr. Seine, 2 juin 1871. — Richard c. Hutchinson.
Annales, 74, 177).

69. — Est valable le brevet pris pour une machine permettant d'opérer simultanément le *décatissage et le ramage
des draps* au moyen de la disposition suivante : à l'appareil
ordinaire du décatissage est superposé l'organe servant au
ramage mécanique, c'est-à-dire la chaîne Galle ; à l'aide de
cette chaîne et des pointes ou havets dont elle est armée,

le drap, imprégné de la vapeur qui s'échappe par les petits trous de la table à décatir, est saisi par la lisière et tenu dans un état de tension plus ou moins grande, suivant la largeur que l'on veut maintenir ou donner.

> (Rouen, 28 mai 1872. — Cass., 11 juin 1873. Descoubet c. Delamarre, *Annales*, 73, 192).

70. — La vente à la longueur des fils avec enroulement sur cartes à encoches étant connue, il n'y a pas invention brevetable dans le fait d'appliquer ce système au *pliage ou dévidage des soies* permettant leur vente à la longueur avec force garantie.

> (Paris, 1er mars 1873. — Cass., 2 mai 1873. Vaquez-Fessard c. Bruneau. *Annales*, 75,207).

71. — Est brevetable comme constituant une **application nouvelle**, un procédé d'*épaillage des tissus de laine en pièces* au moyen de réactions chimiques qui jusque-là n'avaient été employées que pour épailler la laine brute avant toute fabrication ou pour désagréger les chiffons.

> (Nancy, 12 août 1873. — Frezon c. Sté des déchets. *Annales* 73,311.—Id. Rouen, 16 mars 1874. *Annales*, 75,87. — Nancy, 27 janv. 1875. *Annales*, 75,12.—Cass.,24 mars 1875. *Annales*, 75,171).

72. — L'idée du bac circulaire et des cylindres laveurs pour *laver la laine* étant connue, il y a néanmoins invention brevetable dans le fait de substituer aux ailes ou palettes rigides dont étaient armés les cylindres, des bâtons dit touilleurs articulés qui prennent une position légèrement oblique quand ils entrent dans l'eau et une position verticale quand ils en sortent ; disposition qui empêche le soulèvement de la laine hors du bac dans le mouvement de rotation et évite ainsi l'inconvénient du feutrage, particulièrement pour les laines longues.

> (Douai, 15 mars 1875. — Chaudet c. Deletombe *Annales*, 76,357).

73. — Est valable comme constituant une **combinaison nouvelle** de moyens connus, le brevet pris pour une *machine à délampourder les laines* consistant dans trois organes principaux : 1° Un cylindre garni de lames ; 2° Un battant placé en face de ce cylindre se mouvant horizontalement autour d'un axe et pouvant à l'aide de ressorts à boudin et d'une pédale s'en rapprocher ou s'en écarter ; 3° Un établi placé au-dessous du battant et destiné à supporter la peau soumise à l'opération du délampourdage.

(Montpellier, 17 juillet 1877, Cass., 14 févr. 1878. — Vergely c. Blaquière. *Annales*, 78,100.)

74. — Est brevetable comme constituant une **combinaison nouvelle** de moyens connus, un procédé d'*impression des papiers de tenture* présentant les caractères suivants : 1° Imitation des étoffes tissées ou brodées, par le papier peint mis lui-même en relief ; 2° Reproduction des couleurs et reliefs simples ou variés avec la contexture et la couleur propres à chacun des plans de ces reliefs ; 3° Concordance parfaite de chaque point de relief avec la couleur qui lui appartient. Les papiers ainsi obtenus sont des **produits nouveaux**. Le transport dans l'industrie des papiers peints du balancier à cage pleine des imprimeurs-lithographes, constitue **une application nouvelle**.

(Paris, 28 juillet 1877. — Cass., 8 mars 1878. — Balin c. Bezault et Patey.— Paris, 2 août 1878.— Cass., 13 févr. 1879. — Balin c. Danois. *Annales*, 79,259).

75. — Est brevetable comme constituant une **combinaison nouvelle** de moyens connus, une *machine à percer les bois et métaux servant à la fabrication des brosses*, se composant d'une semelle en métal ou en bois fixée sur un établi, sur laquelle marche, en avant ou en arrière, à la main, au balancier ou à la vapeur, un chariot montant ou descendant à l'aide d'une vis ou par tout autre engrenage, ce chariot portant une plate-forme tournant sur elle-même, maintenue ou guidée par un ressort, destiné à recevoir des divisions de tout genre, et devant verser en avant, de niveau et en arrière, ladite machine servant à percer avec une extrême régularité, soit dans le bois, soit dans les métaux, à l'aide d'une mèche d'une forme particulière, des trous plus larges à l'orifice qu'à l'extrémité, et dans lesquels on fixe les crins ou les roses formant la brosse.

(Paris, 13 avril 1878. — Petit c. Rouillon. *Annales*, 78,102).

76. — Est brevetable un système *de chinage* par la teinture en réserve, des rubans continus, peignés ou cardés, de matières textiles, consistant dans l'emploi des procédés suivants : 1° Emploi de grilles droites entourant complètement chaque ruban ou groupe de rubans isolément, de manière à empêcher l'invasion de la teinture par les côtés et à obtenir ainsi des réserves d'une teinte uniforme ; 2° Serrage au moyen d'une vis centrale, l'une sur l'autre et barreau sur barreau, des grilles droites enfermant un groupe de rubans isolé, de manière à obtenir une pression uniforme.

(Paris, 26 déc. 1878. Cass., 21 juin 1879. — Ben-Tayoux c. Challamel. *Annales*, 79,369).

77. — Est brevetable l'idée de transformer la *chenille* ordinaire à poils hérissés, en chenille à poils couchés dite *chenille peluche*, par son passage dans une filière chauffée.

(Trib. civ. Seine, 18 avril 1879. — Depouilly c. Léspagnon. *Annales*, 81,305.)

La chenille ainsi transformée constitue un véritable **produit industriel nouveau**.

(Paris, 18 août 1882. — Germain frères (Brevet Depouilly), c. Chamoux. *Annales*, 82,336.)

78. — Est brevetable un moyen d'*imperméabilisation*

des tissus par immersion dans une solution de savon métallique et d'hydrocarbure volatil, procédé ayant pour effet d'introduire la matière imperméabilisante jusqu'au cœur du tissu qu'elle pénètre, tandis que l'hydrocarbure volatil qui lui a servi de véhicule s'évapore à l'air libre, sans laisser de résidu.

> (Paris, 24 mai 1879. Cass., 22 nov. 1879. — Baiziat et Cie *c.* Bonnot. *Annales*, 80,149).

79. — Est valable comme constituant une **application nouvelle** le brevet pris pour l'idée d'éloigner systématiquement de son point régulateur l'aiguille d'une *machine à broder* (couso-brodeur Bonnaz), de manière à produire une série de points sautés qui, par l'effet du mouvement de rotation imprimé à la manivelle de l'entraîneur universel, sont enchevêtrés les uns dans les autres et acquièrent ainsi le plus haut degré de solidité et deviennent indécousables. De cette manière on obtient au lieu du point de chaînette ou de broderie ordinaire, une broderie nouvelle d'un aspect velouté et d'une solidité à toute épreuve qui constitue un véritable **produit nouveau**.

> (Paris, 31 mai 1879. — Meunier et Cie *c.* Ville. *Annales*, 79, 177) (1).

80. — Est valable le brevet pris pour une *modification au métier Jacquart* consistant dans une disposition nouvelle qui opère le dégriffage des crochets avant le moment où le carton entre en jeu pour refouler ou laisser passer les aiguilles, en sorte que ces cartons qui, dans les anciennes machines, opéraient eux-mêmes le dégriffage par la pression de leurs parties pleines sur les aiguilles, n'ont plus à agir par les aiguilles que sur des crochets en quel-

---

(1) Le brevet Ville a été déclaré nul par un arrêt postérieur de la Cour de Paris, du 23 juillet 1880. *Annales*, 81,10.

que sorte libres et flottants à leur partie supérieure ; modification qui permet de donner moins d'épaisseur aux cartons désormais soumis à une usure moins rapide et plus de finesse aux aiguilles qui n'ont plus à produire un effet aussi grand et par conséquent de diminuer et rapprocher les trous des cartons et du prisme et d'en augmenter le nombre en réduisant les cartons eux-mêmes et le prisme à de plus faibles dimensions.

(Paris, 30 juin 1879. — Vincenzi et Cie (Brevet Crubailhe et Cie) c. Perrot. *Annales*, 80,188.)

81. — Est brevetable un perfectionnement apporté au *grillage d'étoffe*, qui consiste à combiner la fente continue le long du brûleur formé d'un tube unique, avec des coulisses destinées à régler l'étendue de la flamme, ce qui a le triple avantage de fournir une flamme régulière, de faciliter le grillage des pièces de toutes longueurs et de supprimer la calcination des lisières.

(Lyon, 4 févr. 1882. — Fabre c. Pégoud. *Annales*, 83-22).

82. — Est brevetable un système de *doublage des étoffes* qui repose principalement sur l'idée de faire passer le bord de l'étoffe devant se rabattre sur l'autre, par un canal incliné quelconque, rectiligne, à surface conique ou autre ; les cônes et triangles ou leurs sections constituant les organes essentiels de la machine.

(Rouen, 13 févr. 1882. — Delaraix c. Tulpin. *Annales*, 82,29).

83. — Est brevetable une *machine à fabriquer les cannettes* se distinguant par la combinaison essentielle de trois couteaux ou cisailles ayant chacun une lame fixe et une lame mobile, et dont le premier coupe le papier rectilignement et les deux autres suivant une courbe qui donne au papier la forme circulaire des bases inférieures et supérieures d'un fuseau conique développé.

(Douai, 18 août 1882. — Schaffhauser *c.* Mayer. *Annales*, 82,274).

84. — Il y a création d'un produit industriel **nouveau**, dans le fait d'obtenir sur les *papiers de tenture*, au lieu de velouté, l'apparence exacte du velours, et cela en substituant à la poussière de laine primitivement employée des brins de laine de longueur égale et fixés sur le papier dans un parallélisme absolu.

(Paris, 17 janvier 1883 et Réj., 28 fév. 1884.— Renard *c.* Follot, *Annales*, 86,228).

85. — Est nul le brevet pris pour un procédé d'application de gouttes d'un liquide visqueux sur les *tulles ou autres tissus* en vue d'y former des perles factices, lorsque d'une part le procédé est connu et que d'autre part le brevet, sans indiquer le moyen de régulariser ces gouttes ou perles, en les limitant au réseau des mailles se borne à faire appel à l'habileté de l'ouvrier pour garder les proportions convenables et non déterminées à l'avance ; on ne peut voir là qu'un **tour de main** non brevetable.

(Lyon, 17 fév. 1883. — Mugnier *c.* Baboin. *Annales*, 85,267).

86. — On doit considérer comme un **produit nouveau** une *chenille ordinaire* dont les poils sont couchés parallèlement à son axe, d'une manière régulière et stable, ce qui permet d'obtenir une surface lisse à l'aspect brillant, au lieu de l'aspect mat du velours.

(Trib. civ. Seine, 21 mai 1886.— Weber *c.* Depoully. *Annales*, 89, 42).

87. — L'adjonction de fils consolideurs aux fils de chaîne et de trame dans un *métier à dentelles* bien qu'utilisée dans des métiers antérieurs pour obtenir une dentelle ayant un aspect particulier, constitue une **application brevetable** de moyens connus, si elle procure, dans la fabrication d'autres dentelles, une augmentation de rendement et une économie de main-d'œuvre non réalisées jusque-là.

> (Cass., 10 janv. 1891. — Lenique et Piquet *c*. Davenière. *Annales*, 92,56).

88. — On ne peut considérer comme un produit **nouveau** une *étoffe* dont les dispositions ou les couleurs seules diffèrent de celles connues et en usage depuis longtemps. L'application d'impression, par moyens connus, de dessins sur une étoffe dont la fabrication diffère seule d'autres étoffes auxquelles cette impression était précédemment appliquée, ne constitue pas une **application nouvelle** d'un moyen connu, puisque, en réalité cette application est faite à un objet de même nature que précédemment et n'a pas d'autre but que d'arriver au même résultat.

> (Lyon, 22 avril 1891. — Delay, Diot et Cie *c*. Viallar, Guéneau et Chartron. *Annales*, 92,43).

89. — *Le timbrage et l'estampage, ainsi que l'emploi de mordants pour obtenir l'adhérence de poudres ou de perles* étant connus et pratiqués antérieurement, le procédé consistant dans l'application desdites poudres ou perles à des vignettes, chiffres, armoiries ou autres sujets en relief, obtenus par le timbrage ou en creux produits par l'estampage, et non à des vignettes, chiffres, armoiries et autres sujets sur papier lisse, constitue une **application nouvelle de moyens connus**, car il donne à la décoration notamment du papier, un caractère spécial, saisissant pour la vue.

> (Paris, 16 nov. 1893. — Maître *c*. Messager et Cie. *Annales*, 94, 73).

V. — MACHINES

Machines à vapeur. — Chaudières. — Organes. — Machines-outils pour le travail des métaux et des bois. — Machines diverses. — Manœuvre des fardeaux. — Machines à coudre. — Moteurs divers. — Machines servant à la fabrication des chaussures.

90. — L'usage de la *scie circulaire* étant connu, il y a invention brevetable dans le fait de combiner une machine qui permet d'appliquer utilement cet organe au chantournement des bois.

> (Cass., 17 sept. 1858. — Perin c. Souverain et Champion. *Annales*, 58, 312.— Cass., 16 juil. 1858.— Perin c.Delaporte. *Annales*, 58, 318).

91. — L'idée de l'élévation de l'eau par un jet de vapeur étant dans le domaine public, il y a néanmoins invention brevetable dans le fait d'appliquer cette idée à l'*alimentation des chaudières à vapeur*, alors surtout que, pour obtenir ce résultat pratique, l'inventeur a dû se rendre compte de la vitesse de l'eau et de la vapeur, transformer la vitesse en pression et augmenter la pression de la vapeur en diminuant sa vitesse.

> (Trib. corr. Seine, 13 janv. 1863. — Bourdon c. Giffard. *Annales*, 63, 8. — Paris, 30 déc. 1864. *Annales*, 65, 83).

92. — Est valable le brevet pris pour une *machine à fabriquer des filtres à café*, dans laquelle la plaque à percer est fixée sur la plate-forme du balancier et tourne avec elle, suivant des mouvements égaux déterminés par les dimensions d'un rochet, alors qu'auparavant la plate-forme et la plaque à percer étaient indépendantes l'une de l'autre, la première restant immobile et la deuxième étant tournée à la main par l'ouvrier qui se repérait sur une pointe fixe pour obtenir un mouvement régulier de rotation, ce qui était plus long et sujet à erreur et à malfaçon.

(Paris, 16 mars 1864. — Bernot c. Lambert. *Annales*, 64, 266).

93. — Est brevetable comme constituant une **application nouvelle** de moyens connus, un système de *cabestan* mis en mouvement par sa base, à l'aide de deux roues d'engrenage dont l'une est fixée au pied du cabestan et l'autre au pied d'un arbre vertical indépendant qui reçoit son impulsion à l'aide d'un arbre horizontal sur lequel sont fixées les manivelles ; disposition qui permet de décapler instantanément, c'est-à-dire de pouvoir enlever par la partie supérieure du cabestan la corde ou le cable enroulé.

(Douai, 21 déc. 1864. — Maine c. Pointfer. Le Hir, 65,2,272).

94. — Est valable le brevet pris pour un *treuil à trois positions* dont la nouveauté consiste dans la mobilité d'un pignon voyageant sur un arbre mobile lui-même et combiné tout à la fois avec un rochet de retenue fixé sur l'arbre de commande et avec un frein ; disposition qui permet au treuil de passer d'une vitesse à une autre, étant en charge, et de descendre soit en charge, soit à vide, sans le secours des manivelles laissées au repos.

(Paris, 1er avril 1867. Cass., 28 juil. 1868. — Bernier c. George. *Annales*, 68, 282).

95. — Bien qu'il existe dans le domaine public des *machines à plier la paille* destinées à former des enveloppes de bouteilles et des paillassons, celui-là fait néanmoins une invention brevetable qui imagine, en vue de ce résultat, une machine présentant comme organes originaux et essentiels un charriot plieur et une tringle rigide.

(Bordeaux, 6 juin 1877. Cass., 3 janv. 1878. — Meunier c. Sénac. *Annales*, 78, 33).

96. — Bien que la scie mécanique en usage pour le découpage du bois ait été employée au perçage des métaux, mais d'une manière exceptionnelle et non industrielle, pour des pièces de petite dimension offrant peu de dureté et d'épaisseur, qui étaient ensuite retouchées par d'autres moyens que la scie ; il faut voir néanmoins une **application nouvelle** brevetable dans le fait d'opérer le sciage mécanique des métaux sans distinction de dureté ni de dimension, du premier jet et sans retouche à la main. — Le brevet porte à la fois sur l'appareil (composé d'une scie rectiligne alternative et d'une machine destinée à mettre la scie en mouvement) et sur les produits obtenus à l'aide de cette fabrication. Mais il ne s'étend pas à toutes les plaques de métal découpées mécaniquement à l'aide d'une scie quelconque.

(Paris, 29 mai 1880 et Cass., 22 janv. 1881. — Dame Delong (Brevet Tuyssuzian, *c*. Hallet. *Annales*, 81, 5).

97. — L'emploi des tuyères atmosphériques dans les haut-fourneaux et autres foyers à feu couvert étant connu depuis longtemps, il n'y a pas **application nouvelle** brevetable dans le fait d'adapter cet organe à des *forges portatives à foyer découvert*.

(Trib. civ. Seine, 6 août 1881. — Enfer *c*. David. *Annales*, 82, 326).

98. — **La combinaison** mécanique de deux organes (une tondeuse et un appareil porte brosse) en vue d'un résultat industriel défini et qui jusque-là n'avait été obtenu qu'à la main (*section des soies de brosse* suivant une forme arrondie et bombée) constitue un ensemble essentiellement brevetable ; il en est d'autant plus ainsi qu'il est certain que l'invention réalise un progrès considérable au point de vue de la rapidité et de la perfection du travail.

(Amiens, 29 juin 1884. — Dupont *c*. Chantepie. *Annales*, 87,119).

99. — Est brevetable comme constituant une application **nouvelle** de moyens connus, la substitution, dans *une machine à malaxer le beurre*, de la mobilité du rouleau à la mobilité de la table.

(Angers, 8 juin 1886 et Cass., 29 juin 1887. — Chollet *c.* Hubert. *Annales,* 87, 306).

100. — Etant donné qu'on a poli ou gravé des surfaces métalliques ou de verre à l'aide de sable violemment projeté par le vapeur sur la surface à attaquer, il y a application **nouvelle** à employer, pour l'*affilage ou l'affutage des limes* ou autres outils, un jet de sable projeté sous un angle déterminé et dans des conditions particulières.

(Paris, 8 nov. 1886. — Tilghmann *c.* Gannay. *Annales,* 87, 124).

101. — Il faut voir une **application nouvelle** brevetable dans le fait de disposer les quatres soupapes d'une *soufflerie fixe,* sur le plateau inférieur de l'appareil, de manière qu'elles puissent être démontées de l'extérieur, pour en assurer le nettoyage plus facile et plus complet ; de même dans le fait d'utiliser comme soupape de sûreté, à l'intérieur d'une soufflerie, la boîte-chapelle qui n'avait été placée jusque-là, qu'à l'extérieur et n'avait servi que de soupape d'aspiration ; mais l'emploi de la vis de pression pour rendre ou fixe ou mobile à volonté instantanément, la branloire tournante d'une *forge portative* n'est pas brevetable ; car c'est un moyen connu qui ne produit pas ici un résultat différent de celui qu'il produit partout ailleurs, à savoir : rendre fixe ou mobile à volonté un organe glissant sur un autre. Il n'y a pas davantage invention brevetable à faire rentrer dans une gaîne, suivant le système télescopique, pour faciliter le transport de l'appareil, une tringle qui doit faire saillie quand l'appareil est en place.

(Nancy, 28 février 1891. — Moreaux *c.* David. *Annales,* 19, 318).

102. — *Un clapet à double face* servant à la fois d'interrupteur automatique et de distributeur entre deux chambres contenant de la vapeur, étant connu, il n'y a pas application nouvelle dans le fait de prendre le même appareil et de l'employer seulement comme interrupteur.

> (Cass., 21 déc. 1893. — Carette. c. Coureur et Combée. *Annales*, 94,156).

VI. — MARINE ET NAVIGATION

Construction des navires et engins de guerre. — Machines marines et propulseurs. — Gréement, accessoires, appareils de sauvetage, pisciculture et garde-pêche, aérostats. — Travaux des ports, des rivières et canaux.

103. — Est brevetable comme constituant une application nouvelle de moyens connus, une disposition de *bateaux à vapeur* dans lesquels les roues à aube sont placées à l'arrière et dans les formes même du navire, de manière à éviter l'interruption des lignes d'eau et à permettre la navigation dans les canaux et rivières étroites.

(Paris, 23 mars 1856. — Gache *c.* Perrin et autres. *Annales*, 57, 69).

104. — Est nul le brevet pris pour un système *de bateau* dans lequel la roue servant de propulseur est placée dans une coupure ou échancrure en forme du canal, pratiquée au milieu de l'arrière du bateau, disposition qui, entre autres résultats, aurait particulièrement celui de concentrer dans l'intérieur de ladite échancrure l'agitation des vagues causée par le mouvement de la roue et d'éviter ainsi la détérioration des berges des canaux sur lesquels le bateau est spécialement destiné à naviguer. Une semblable disposition n'a pu être brevetée alors qu'elle se trouvait anciennement dans les bateaux employés, il est vrai, dans des rivières, mais qui auraient pu servir à la navigation sur des canaux.

(Cass., 29 avril 1858. — Brunet *c.* Direy. *Annales*, 58, 350).

105. — Un **produit naturel** comme la cellulose qui entoure les fibres de l'enveloppe des noix de coco n'est pas brevetable ; mais peut être brevetée l'**application de ce** produit au remplissage des *cloisons étanches des navires.*

(Paris, 29 décembre 1891. — Torillon *c.* Ministre de la marine. Annales, 93, 69).

VII. — TRAVAUX DE CONSTRUCTION

Matériaux et outillage. — Ponts et routes. — Travaux d'architecture. — Aménagements intérieurs. — Secours contre l'incendie.

106. — Est brevetable un système de *seau à incendie* muni de deux cercles de rotin fixés à la toile du seau à l'aide de gorges en cuivre et de clous de même métal ; la substitution du rotin à la corde employée auparavant ayant le double avantage de maintenir la capacité du seau en assurant sa forme circulaire, et de faire disparaître l'inconvénient grave de la pourriture provenant de l'humidité conservée par la corde dont la dessiccation est beaucoup plus lente que celle de la toile.

(Paris, 8 juillet 1846. — Guérin *c*. Flaud. Dalloz, 47, 4, 53).

107. — Est valable le brevet pris pour une *tuile* dont les caractères distinctifs sont : d'être rectangulaire ; d'être creusée de deux ondulations avec rigoles parallèles à vives arêtes ; de recouvrir la tuile à côté par un double recouvrement ; de recouvrir la tuile inférieure par un prolongement recourbé, qui suit la forme de la tuile inférieure ; de pouvoir se placer à volonté, soit croisées, soit bout à bout, mais de telle sorte que toutes les courbures se suivent et que la toiture paraisse d'un seul bloc ; d'être arrêtée sur le lattis par deux tasseaux inférieurs et de former une série de canaux parallèles dans la direction de la pente du toit, sans que l'écoulement de l'eau puisse y rencontrer aucun obstacle. Alors même que tous ces éléments se trouveraient

isolément dans le domaine public, leur réunion n'en constitue pas moins une invention brevetable.

(Cass., 6 avril 1851. — Franon et Cie c. Genetier, *Annales,*
61,112).

108. — L'emploi des *voûtes plates* et cintrées étant
connu, celui-là fait néanmoins une invention brevetable
qui le premier parvient, par son intelligence et son travail plus hardi, à isoler complètement les voûtes du pla-
fond.

(Cass., 24 avril 1556. — Aubeux c. Berger. *Annales,* 56,135).

109. — Est brevetable un système *de tuile en verre* permettant : 1° De conduire à l'extérieur l'eau produite par la
condensation de la vapeur à l'intérieur des bâtiments cou-
verts en verre ; 2° De briser les rayons solaires, afin d'éviter la combustion que produirait leur réunion ; 3° D'empêcher la pénétration, de l'extérieur à l'intérieur, de la pluie,
de la neige et du vent.

(Paris, 29 janv. 1859. — Amuller c. Ledentu. *Annales,* 59,131).

110. — L'emploi de la marne étant connu pour la fabrication du *ciment hydraulique,* on ne saurait voir une invention brevetable dans le fait d'indiquer un gisement de
marne dont la qualité serait supérieure.

(Paris, 21 févr. 1861. — Lingié c. Montéage, *Prop. ind.,*
11 avril 1861).

111. — Est valable le brevet pris pour un système *de
four à chaux* dans lequel une lanterne composée de petites
colonnes de 1ᵐ40 de hauteur et séparées par autant de vi-
des d'égale dimension, permet aux flammes d'envelopper
toute la masse calcaire à mesure qu'elle arrive à cette lanterne et de la cuire plus promptement et plus également.
On ne saurait voir une antériorité dans un système de
deux galeries latérales donnant passage à la flamme des

deux foyers qui y correspondent, mais laissant un espace
plein qui occupe au moins un tiers de la circonférence.

> (Caen, 6 janv. 1862. — Courtois et Saint-Denis *c.* Loche. *An-
> nales*, 63,83).

112. — *Les tuiles* avec cannelure en tête et sur les côtés
étant connues, il n'y a pas d'invention brevetable dans le fait
de doubler ou de tripler les cannelures en vue du même résultat, qui est d'empêcher les infiltrations.

> (Cass., 21 fév. 1862. — Fox *c.* Roux. *Annales*, 62,120).

113. — On ne saurait considérer comme invention brevetable l'ordre dans lequel fonctionnent trois machines
destinées à la *fabrication de la tuile*, ordre commandé par
la nature même des opérations et consistant: 1° A malaxer;
2° A presser ; 3° A mouler la terre. Il en est ainsi alors surtout que les trois machines destinées à agir isolément les
unes des autres ne présentent entre elles aucun caractère
d'ensemble.

> (Cass., 2 janv. 1864. — Dumont *c.* Boulet. *Annales*, 64,249).

114. — On ne saurait voir une invention brevetable
dans le fait d'associer du fer et du bois dans la *construction
des persiennes* ou de substituer le fer forgé au fer feuil-
lard.

> (Paris, 27 mai 1865. — Laperche *c.* Leturc. *Annales*, 65, 275).

115. — L'idée de remplacer la maçonnerie nécessaire à
la pose des *ponts à bascule* par un système de bâtis métalliques étant connue, on ne saurait voir une invention brevetable dans le fait d'appliquer ce système à des ponts à
bascule de **plus grande dimension**, la combinaison des divers éléments qui composent le pont restant toujours la
même, quelle que soit sa force ou sa dimension.

> (Lyon, 11 nov. 1863. Cass., 31 juillet 1871. — Falcot et Cie
> *c.* Mairet. *Annales*, 72,85)

116. — Est valable le brevet pris pour un système *de lucarnes en fonte* empêchant l'eau de pénétrer dans l'intérieur, et consistant dans une rigole qui encadre la fenêtre, dans une nervure en relief à bord renversé s'appliquant sur la rigole, la fermant sur une des parois et donnant ainsi aux eaux, dans un canal complet, un libre écoulement jusqu'à la barre d'appui où elles trouvent une issue au dehors. Il importe peu que les rigoles circulaires ou verticales, et la nervure, relief ou baguette, aient été déjà employées séparément en vue du même résultat, l'invention consistant dans leur **combinaison nouvelle**.

(Orléans, 9 août 1876. Cass., 4 juin 1877. — Ganne *c.* Bruère. *Annales*, 78,27).

117. — Est valable le brevet pris pour un système de *lavage universel des édifices*, consistant à élever les liquides au sommet des édifices les plus hauts, spécialement au moyen de l'injecteur Giffard, et à distribuer ensuite la vapeur soit sèche, soit humide, d'un tuyau branché sur un générateur locomobile groupé avec un échaffaudage.

(Paris, 7 mai 1878. — Nivert *c.* Célard. *Annales*, 78,323).

VIII. — MINES ET MÉTALLURGIE.

Exploitation des mines et minières. — Fer et acier. — Métaux autres que le fer.

118. — Bien que l'idée théorique de la *déviation verticale des gaz des hauts fourneaux* soit connue, il y a néanmoins invention brevetable dans le fait d'imaginer un appareil qui la réalise en permettant d'extraire les gaz au sommet des hauts fourneaux pour les amener au niveau du sol.

(Cass., 1er mai 1851. — Thomas c. Robin. Dalloz, 52, I, 67).

119. — L'application de l'émail à la tôle dans le but de *préserver le métal de l'oxydation*, étant connue et tombée dans le domaine public, il n'y a pas invention brevetable dans le fait d'émailler des formes de pains de sucres en tôle.

(Paris, 20 mars 1855. — Rauch c. Schœnberg. *Annales*, 55,101).

120. — Un procédé de *chauffage appliqué aux zincs destinés au laminage*, constitue l'application de moyens nouveaux pour l'obtention d'un résultat industriel, et cette invention ainsi caractérisée ne peut être atteinte ou modifiée par cette circonstance qu'antérieurement le même procédé était appliqué aux zincs destinés à l'estampage.

(Cass., 26 juil. 1855. — D'Arlincourt c. Létrange. *Annales*, 55,156).

121. — Le *broyage de la soudure de cuivre* s'opérant autrefois par l'effet combiné du pilon et d'un mortier dans lequel on plaçait l'alliage de cuivre et de zinc, il y a in-

vention brevetable dans le fait d'employer pour cette trituration un moulin broyeur du domaine public.

(Dijon, 12 nov. 1856. — Domingo c. Martin. *Annales*, 57,56).

122. — Lorsqu'un brevet porte sur un ensemble de procédés destinés à réaliser deux opérations distinctes, telles
que le *zingage et l'étamage des fils de fer*, et que tous les
procédés relatifs au zingage sont dans le domaine public,
les certificats d'addition pris pour des perfectionnements
se rapportant à cette dernière opération sont nuls et sans
valeur.

(Cass., 16 juil. 1863. — Muller et Cie c. Ménans et Cie. *Annales,* 63,318).

IX. — MATÉRIEL DE L'ÉCONOMIE DOMESTIQUE

Articles de ménage. — Serrurerie. — Coutellerie et
service de table. — Meubles et ameublement.

123. — Il y a application nouvelle brevetable dans le
fait d'appliquer à un *appareil propre à préparer le café* une
disposition destinée à produire la circulation du liquide,
laquelle n'avait été employée jusque-là que pour les appareils à lessiver (1).

(Paris, 30 août 1822, cité par M. Pouillet, n° 32).

124. — Bien que le retournement *du pêne des serrures*
soit tombé dans le domaine public, il y a néanmoins invention brevetable dans le fait d'appliquer la double barbe au
pêne retourné.

(Paris, 27 juil. 1848. — Teyssier c. Brut. Le Hir, 48,2,470).

125. — L'idée des meuble à roulettes existant depuis
longtemps, il n'y a pas application nouvelle, mais simple
emploi nouveau non brevetable dans le fait de mettre des
roulettes à un fourneau.

(Paris, 20 nov. 1850. — Routin, cité par Blanc, p. 452).

126. — Constitue une **application nouvelle** de moyens
connus, l'idée d'adapter aux *biberons* un tube élastique
qui, se pliant facilement aux mouvements de l'enfant, évite
de le contrarier et de le blesser. Il en est ainsi alors même
qu'on aurait employé auparavant des tubes en gomme élastique ou toute autre matière, mais n'offrant pas la même

---

(1) Un jugement du tribunal civil de la Seine a été rendu en sens contraire le 3 juin 1823. — (Pouillet, n° 32).

flexibilité et par suite ne réalisant pas le même résultat industriel.

> (Cass., 10 nov. 1855. — Thier *c.* Veilleux et autres. *Annales*, 56,38).

127. — Est valable le brevet pris pour un appareil de *bouchage des bouteilles* à liquide gazeux composé de deux pièces séparées, à savoir : 1° Un bouchon mécanique entrant librement dans le goulot du vase ; 2° Une capsule métallique percée par en haut, coiffant le bouchon, s'y emboîtant dans une rainure et réalisant ainsi un bouchage hermétique et permanent. Il importe peu que le bouchage mécanique et la capsule percée par en haut soient dans le domaine public si le breveté, par la réunion de ces éléments, a obtenu un appareil jusque-là inconnu et réalisé un **produit industriel nouveau.**

> (Cass., 1er déc. 1855. — Ouzouf *c.* Poinsot. *Annales*, 56,42).

128. — L'idée du dégagement de l'air pendant l'*embouteillage des eaux gazeuses* étant dans le domaine public, il y a néanmoins invention brevetable dans le fait d'imaginer un mode spécial d'embouteillage, et notamment divers organes destinés soit à boucher hermétiquement, soit à donner, suivant les besoins, un dégagement à l'air.

> (Paris, 30 mai 1857. — Lausa *c.* Crombach. *Annales*, 57,316).

129. — Est brevetable un système de *sommier élastique* dans lequel des lames de fer rubané s'entrecroisent et établissent la solidarité des ressorts à boudin.

> (Paris, 11 déc. 1857. — Bonnet et Cie *c.* Gabriel. *Annales*, 58, 137).

130. — Il n'y a pas d'application **nouvelle** dans le fait d'adapter aux meubles, notamment aux *pianos*, un système de pied-colonnes dit colonnes allongées, employé autrefois pour les billards et les tabourets de pianos.

(Trib. corr. Seine, 7 déc. 1858. — Ostermann *c.* Wertermann. *Prop. ind.*, 3 fév. 1859).

131. — Est valable le brevet pris pour l'idée d'employer la pression de l'air atmosphérique à ralentir le mouvement donné par le ressort à tablette, dans *les meubles* dit *autonoix*. L'inventeur ayant imaginé, pour obtenir ce résultat, de placer un soufflet entre la traverse de derrière et le gradin fixé à chacune de ses parties, il y a contrefaçon dans le fait d'employer un modérateur d'une forme différente mais agissant en vertu de la même loi physique.

(Lyon, 23 mai 1859. — Daubet et Dumarest *c.* Montagnat, *Annales*, 59,210).

132. — Est valable le brevet pris pour un système de fermeture hermétique, obtenu au moyen d'un goulot de *bouteille* muni de deux cordelières parallèles, faites à l'aide d'une pince de verrier, et formant une gorge ou cavité extérieure, bordée de deux saillies destinées à recevoir et à maintenir, dans un état d'immobilité absolue, une bague sur laquelle se visse l'appareil destiné à opérer la fermeture de la bouteille.

(Paris, 22 juil. 1869. — Rouget de Lisle *c.* Nouveau. *Annales*, 59 343,—Rouen, 8 mai 1863 et Cass., 6 fév. 1864. *Annales*, 65, 172.)

133. — Les cadres en bois sculpté isolés ou mis en série, destinés à recevoir des cartes photographiques, étant connus, il n'y a pas d'invention dans le fait d'adapter ces cadres à des *jardinières* ou autres meubles analogues. On ne saurait voir là qu'une **variété d'ornementation** non susceptible d'être brevetée.

(Paris, 8 mars 1861. — Bucard *c.* Delaye. *Prop. ind.*, 25 avr. 1861).

134. — Est valable le brevet pris pour un système de

porte-bouteilles, construit au moyen de pièces connues, mais dont l'assemblage produit deux résultats nouveaux, savoir : la mobilité, le transport facile de l'appareil et l'espacement des bouteilles pouvant être prises séparément.

> (Bordeaux, 11 mars 1851. — Barbou *c.* Mautrant. *Prop. ind.*, 13 juin 1861).

135. — Est valable le brevet pris pour la substitution, dans un appareil à *torréfier le café*, de la forme sphérique à la forme cylindrique que présentait auparavant le brûloir.

> (Paris, 9 avr. 1861. — Voisin *c.* Bouthemy. *Annales*, 61,276).

136. — On ne saurait voir une invention brevetable dans le fait d'employer, pour la *fabrication des porte-bouteilles*, des barres rivées au lieu de les serrer avec des écrous.

> (Lyon, 28 mai 1862. — Pinay, *c.* Buisson. *Prop. ind.*, 26 juin 1862).

137. — L'emploi de baguettes couvertes d'une *substance agglutinante pour prendre les mouches* étant connu, il y a cependant invention brevetable dans le fait d'obtenir des baguettes couvertes, par un procédé facile et prompt, d'une quantité suffisante, jamais excessive et partout égale de matière gluante.

> (Bordeaux, 5 janv. 1863. — Transon *c.* Saulay. Annales, 63, 169).

138. — Est nul le brevet pris pour un système de *tonneau mobile* alors qu'il existait auparavant des pièces à vendange à coulisses remplissant exactement, quoi qu'avec quelque différence, le but qu'a voulu atteindre le breveté.

> (Paris, 12 fév. 1863. — Cornevin *c.* Cuillier. *Annales*, 63, 69).

139. — Est valable le brevet pris pour un système *de fermeture hermétique des vases, flacons et bocaux*, consistant dans la réunion des moyens suivants : 1° Substitution au bouchon en liège d'une capsule en métal d'une forme cylindrique, s'adaptant d'une matière spéciale au collet du goulot du vase ; 2° Goulot présentant à l'extérieur une gorge, rainure ou cannelure dans laquelle vient s'adapter la capsule ; 3° Anneau ou rondelle en caoutchouc logée dans cette cavité et y pressant fortement la capsule contre les parois du vase pour en opérer la fermeture ; 4° Enfin boîte ajustée à la capsule qui complète le système de fermeture par l'absorption de l'humidité qui peut pénétrer dans le vase au moyen d'un corps hygrométrique qu'on y renferme, tel que la chaux vive ou du chlore de calcium.

Il importe peu que ces différentes dispositions se trouvent isolément dans le domaine public, l'invention consistant dans leur **combinaison nouvelle.**

(Rouen, 15 avr. 1864. — Tavernier *c.* Gérard. *Annales*, 64, 223).

140. — La fabrication des clous à tête de cuivre dont la tête est réunie à une tige de fer au moyen d'encoches et de sertissage par étranglement étant connue, l'application de ce système à la fabrication des broches et *boutons de porte,* constitue un simple **emploi nouveau** et non une application nouvelle brevetable.

(Paris, 10 déc. 1864 et Cass., 7 avr. 1865. — Cattaert *c.* Bozot. *Annales*, 65, 398).

141. — Est brevetable, comme **application nouvelle** de moyens connus, l'idée d'employer au *filtrage des eaux* des laines non tissées préparées au tannate ferrique, lequel les rend imputrescibles.

(Paris, 21 janv. 1865. — Vedel Bernard et Cⁱᵉ *c.* Havard Bourgeoise et Cⁱᵉ. *Annales*, 65, 409).

142. — Est valable le brevet pris pour un système de *support d'abat-jour* consistant dans deux larges bagues en cuivre mises l'une dans l'autre et destinées, savoir : la bague intérieure à supporter des griffes qui font adhérer l'ap-

pareil au verre de la lampe, et la bague extérieure à recevoir et fixer l'abat-jour ; cette seconde couronne ne tenant
à l'autre anneau que par deux pointes qui lui servent d'axe,
et oscillant à volonté, de manière à incliner l'abat-jour dans
un sens ou dans l'autre, et à le transformer en un réflecteur qui donne à la lumière la direction désirée.

On ne saurait considérer comme antériorité un support
d'abat-jour se composant d'un seul collier supportant l'a-
bat-jour et relié par une charnière à un appendice inférieur
formant pince pour adhérer au verre de la lampe.

(Paris, 21 juin 1866. — Pascal c. Manc. Annales, 67,27).

143. — Est valable le brevet pris pour un système de
piège dit « *perpétuel* » présentant les dispositions suivantes : 1° L'intervalle existant entre la bascule et le pivot
placé en contre-bas est rempli par une petite planchette
verticale descendant jusqu'au sol du premier compartiment ; 2° A l'entrée de ce compartiment est disposée une
plaque de zinc d'avant en arrière qui, s'adaptant à l'extrémité de la bascule quand elle est relevée, s'oppose d'une
façon absolue à la sortie de l'animal.

(Paris, 27 juil. 1867. — Serrin c. Philippe. Annales, 67,376).

144. — Est nul le brevet pris pour une machine à *boucher les bouteilles des vins de Champagne,* dans laquelle,
entre autres organes, figure une came ou excentrique remplaçant la crémaillère employée dans les machines antérieures, pour élever la bouteille à la hauteur de l'agrafe
qui est fixée sur le bouchon.

(Paris, 28 fév. 1867. — Logette c. Didier. Annales, 67,258).

145. — L'idée d'introduire de l'air atmosphérique par
courants soit interrompus, soit continus, dans des barat-
tes pour la *fabrication du beurre,* étant connue, il faut en
voir une application nouvelle brevetable, dans un système

de baratte se distinguant par la disposition particulière du manche du batteur qui est creux, et reçoit, à sa partie supérieure, un bouchon en bois également creux, mais muni d'une soupape en caoutchouc (Par suite du mouvement ascendant et descendant imprimé au batteur, la soupape sert alternativement à laisser pénétrer l'air et à le refouler dans la masse de lait ou de crème sur laquelle on opère).

(Paris, 18 déc. 1868. — Chifton c. Ganneron. *Annales*, 68,392).

146. — L'idée de river ou de souder des anneaux ou oreillettes aux ustensiles de ménage et notamment aux gamelles de soldats étant connue, on ne saurait voir une invention brevetable dans le fait d'adapter des anneaux aux *boîtes de fer-blanc contenant des conserves alimentaires.*

(Rennes, 8 mai 1872. — Gentil c. Cassegrain. *Annales*, 72,315).

147. — Est valable le brevet pris pour un système de *siège de jardin* composé de lames d'acier coniques, courbées à leur base sur un cercle de fer pour former ressort, et disposées en rayon vers le centre où elles sont réunies et rivées à une plaque de même métal.

On ne saurait voir une antériorité dans des sièges formés de fil ou de lames métalliques, diversement entrelacés et plus ou moins flexibles sous la pression du corps, mais ne produisant pas l'élasticité caractéristique du siège breveté.

(Paris, 1er mars 1873. — Carré c. Remy. *Annales*, 73,123).

148. — Est brevetable comme constituant un **produit industriel nouveau** un *lit-cage* combiné avec un sommier élastique à ressort à boudins, pouvant se replier sur lui-même avec la literie dont il est garni et renfermer cette literie comme dans une cage.

On ne saurait voir une antériorité dans la combinaison d'un sommier avec un lit de fer articulé ordinaire, dont les dossiers se replient et qui, ainsi aplati et réduit, peut se dissimuler dans un meuble propre à lui servir de récipient ainsi qu'à sa literie.

> (Paris, 1er août 1874 ; Cass., 12 juin 1875. — Moisset *c*. Drugé. *Annales*, 75,225).

149. — Est brevetable un *appareil à rembourrer les poufs* différent de la presse employée auparavant dans ce but en ce qu'il permet, une fois la pression opérée sur la garniture intérieure du pouf, d'enlever le moule mécaniquement et par suite d'imprimer une rapidité plus grande à la fabrication (résultat obtenu au moyen d'un appareil mobile le long de la vis de pression et muni, à sa partie inférieure, de crochets qui reçoivent deux chaînes fixées à la partie supérieure du moule).

> (Paris, 10 avr. 1875. — Leproust et Clair *c*. Ledeuil. *Annales*, 76 ; 101).

150. — Est valable le brevet pris pour un *biberon à soupape* dans lequel la soupape consiste en une capsule de caoutchouc fendue en sifflet, à la différence d'une soupape antérieure consistant en un disque dans lequel est découpée une languette.

> (Dijon, 9 fév. 1876. — Robert *c*. Grandjean. *Annales*, 76,37) (1).

151. — L'idée de fabriquer les bassins *des pelles à feu* par le laminage d'une barre de fer étant connue, il faut voir une **application nouvelle** de cette idée dans le fait de laisser une partie de la barre de fer en dehors de l'action du laminoir, à l'effet de ménager une queue ou appendice gardant

---

(1) Un arrêt postérieur de la Cour de Paris du 5 mai 1877 a décidé que la capsule en caoutchouc fendue en sifflet étant connue dans l'industrie du caoutchouc, son application aux biberons ne constituait pas une invention brevetable.

l'épaisseur primitive de la barre de fer et pouvant se souder
facilement à la tige.

(Nancy, 25 mars 1879. — Grandry c. Bourgeois. Annales, 79, 159).

152. —Est nulle brevet pris pour un appareil de chauffage
spécialement destiné au *coulage de la lessive* et au chauffage des bains, caractérisé par une cheminée centrale à double enveloppe, permettant à l'eau de s'échauffer et de circu-
ler automatiquement ; — alors que le domaine public était
déjà en possession de foyers ou tubes de cheminée placés au
centre de la masse liquide à chauffer, et que la circulation
automatique continue de la lessive ou de l'eau chaude, au
moyen d'un tube central était également connue.

(Paris, 26 avr. 1879. — Michel c. Bernadotte. Annales, 79, 142).

153. — Est nul un brevet pris pour l'idée d'envelopper *des
bains-marie* en métal d'une matière céramique qui main-
tient la chaleur. On ne saurait voir là ni invention ni application nouvelle.

(Cass., 29 août 1879. — Dagaud c. Lejuste. Annales, 80, 139).

154. — L'idée de fabriquer des *boutons de porte* en fonte
creuse sans orifice au sommet étant connue, il y a invention
brevetable dans le fait de substituer à la portée en sable
employée auparavant, une portée métallique ayant l'a-
vantage de donner une plus grande fixité au noyau et de
permettre de faire un certain nombre de boutons sur un
châssis pour les soumettre en même temps à la coulée.

(Amiens, 25 nov. 1869 ; Cass., 30 mars 1881. — Boucher et Cie c.
Godin. Annales, 81, 118).

155. — L'idée de rendre mobile le tube abducteur dans
les *cafetières* à circulation n'est pas brevetable en elle-
même indépendamment des moyens employés pour sa réa-
lisation.

(Paris, 30 déc. 1880 ; Cass., 21 mars 1882. — Malen c. Toselli.
Annales, 82, 233).

156. — Le système de *tire-bouchon* anglais à hélice étant connu, il n'y a pas invention nouvelle dans le fait d'établir d'un seul morceau au lieu de deux, la mèche à hélice, et d'un seul morceau au lieu de quatre, la cloche dans laquelle descend cette mèche, ni dans le fait de supprimer une pièce intermédiaire dite guide qui, dans l'ancien tire-bouchons plus grand de forme, mais de même système, maintenait la mèche de la partie supérieure à la pointe ; cette suppression du guide non indispensable d'ailleurs dans un tire-bouchons plus petit, ne transformant pas d'une façon sensible ni la nature du produit, ni son résultat industriel.

(Paris, 31 mars 1881 ; Cass., 25 nov. 1881. — Pérille *c.* Trébucien. *Annales*, 82, 130).

157. — Une *table d'école* caractérisée par sa construction particulière (table unie au moyen d'une traverse avec le banc de manière à ce que les deux objets ne forment qu'un seul corps reposant sur quatre pieds seulement) constitue une invention brevetable et non un modèle de fabrique protégé par la loi du 18 mars 1806.

(Trib. civ. Grenoble, 27 mai 1881. — Dlle Lecœur *c.* Thiervoz. *Annales*, 83, 237).

158. — Est brevetable un système de *serrure* dans lequel l'emboutissage, c'est-à-dire la courbure du pêne et des crochets, est supprimé au moyen d'une surélévation de la pièce mobile au-dessus du palastre. Bien que l'industrie ait fait déjà usage de pênes surélevés et non emboutis dans certaines serrures, le fait de les adapter à une serrure d'un type et d'un mécanisme différents n'en constitue pas moins une **application nouvelle.**

(Paris, 28 fév. 1882. — Mathias *c.* Galmiche. *Annales*, 82, 46).

158 bis. — Il n'y a ni création d'un produit industriel

nouveau, ni application nouvelle de moyens connus, mais simplement une juxtaposition d'éléments connus, non brevetable dans le fait d'adapter à l'extrémité d'un *manche* *de couteau* une petite boîte cylindrique dans laquelle se déroule ou s'enroule à volonté un *ruban métrique*.

> (Riom, 16 mars 1885. — Ménière-Soanem *c*. Bizet. *Annales*, 87, 169.)

159. — La **combinaison** brevetable suppose un ensemble d'éléments tellement joints ensemble qu'ils ne peuvent être séparés sans changer le caractère de l'invention et son résultat industriel. En conséquence le domaine public étant en possession d'un système de débouchage *de boîtes desti-* *nées aux conserves*, au moyen d'une bande de métal réunie par deux soudures intérieures, d'un côté avec le couvercle, de l'autre avec le corps de la boîte, on ne saurait voir une invention brevetable dans le fait d'employer une clef, une pince ou un levier quelconque pour l'arrachage de la bande dont l'extrémité reste libre après enroulement autour de la boîte sous forme de douille ou de languette.

> (Trib. civ. Bordeaux, 30 juin 1885. — Teyssonneau *c*. Lupiou. *Annales*, 86,49).

160. — *Une boîte de conserves* dans laquelle on a employé un mode de fermeture connu, un vernissage à l'intérieur connu, une forme bombée connue, ne saurait être considérée comme formant un tout nouveau à raison de la **juxtaposition** de ces éléments connus, mais sans relation les uns avec les autres.

> (Trib. civ. Seine, 21 juillet 1885. — Peltier et Paillart *c*. Bannier. *Annales*, 87,228).

161. — Est valable, comme portant sur une application nouvelle de moyens connus, le brevet pris pour l'application aux *pieds articulés de tables* d'un système de loqueteau

employé auparavant pour la fermeture des fenêtres, lorsque ce nouvel usage du loqueteau a exigé à la fois une
réduction dans ses proportions et des changements dans
son organisme.

> (C. cass., 26 fév. 1886 et Amiens, 5 juin 1886. — Vachette
> c. Güttel. *Annales*, 87,196).

162. — Constitue une **application nouvelle** et brevetable un *piège à rats* en forme de nasse, tout en fils de fer à
jour, à deux compartiments distincts et réunis dont l'un
est destiné à permettre à l'animal de s'y introduire, l'autre
à le retenir prisonnier.

> (Amiens, 5 août 1887. — Marty c. Perret. *Annales*, 89,25).

163. — Le groupement, pour la fabrication d'un objet
de moyens connus mais employés jusque-là séparément,
ne constitue pas une **combinaison brevetable** s'il ne produit pas un résultat industriel nouveau. Ainsi n'est pas brevetable *un talon en caoutchouc pour les chevaux,* ayant la
forme d'un croissant, dont les pointes sont prises entre la
corne et le fer et fixées de chaque côté par le premier ou
les deux premiers clous du fer, si des brevets antérieurs portent, d'une part, sur un talon en caoutchouc ayant la forme
de croissant mais s'adaptant sans clous au moyen d'un ressort, d'autre part, sur un talon muni d'une bande circulaire
fixée entre la corne et le fer par tous les clous du fer, et s'il
est constant qu'en fait, dans les usages de la maréchalerie, pour se servir du talon à bande circulaire, on coupait
cette bande suivant la conformation du pied du cheval et
souvent on la réduisait jusqu'à donner au talon la forme
d'un croissant pour ne la fixer que par les deux derniers
clous du fer.

> (Paris, 21 juillet 1890. — Beucler c. Thuillard. *Annales*, 92, 116).

164. — Est souveraine et échappe au contrôle de la Cour

de cassation l'arrêt qui déclare non brevetable, comme ne constituant ni un produit nouveau ni une application nouvelle de moyens connus pour l'obtention d'un résultat industriel, l'emploi d'une toile d'emballage, filasse ou étoffe trempée dans le plâtre, pour envelopper le *tonneau de vin*, alors que l'arrêt constate en fait que les négociants en vins se servent quelquefois, pour le même usage, de toile d'emballage enduites de goudron et de peinture et que les toiles trempées dans le plâtre sont également utilisées depuis longtemps pour l'emballage d'objets autres que les tonneaux.

> (Cass., 5 mai 1893. — Bernard *c.* Rivières et consorts.*Annales*, 93,189).

165. — L'arrondissement au mandrin de pièces destinées à la *fabrication des meubles et des brancards de voiture* étant connu, il faut voir un simple **emploi nouveau** non brevetable dans le fait d'appliquer ce mode de fabrication aux pièces du dossier de la chaise, qui unissent les montants.

> (C. Paris, 28 déc. 1893.— Viollet fils et Belle *c.* Ringuet. *Annales*, 94,71).

X. — CARROSSERIE

Voitures et vélocipèdes. — Sellerie. —
Maréchalerie. — Compteurs.

166. — L'idée de garnir les *roues de voitures* de bandes
de fer plus large que le bois, afin d'en protéger les rebords,
étant dans le domaine public, il y a néanmoins invention
brevetable dans le fait de ménager, au bord des bandages
de roues, une baguette ou cordon faisant corps avec eux et
produisant une saillie égale, tant de leur côté que du côté
de la jante.

(Paris, 21 juin 1856. — Mutelle *c.* Masson. *Annales*, 59,257).

167. — Est valable le brevet pris pour un nouveau système de *charriot* dit *triquebale*, destiné au transport des pou-
tres, se distinguant des autres véhicules de même genre par
les dispositions suivantes : au lieu d'être fixée, comme autre fois à l'arrière du deuxième train, la barre qui sert de
gouvernail est placée à l'avant même de ce train et fixée sur
l'objet qu'il s'agit de transporter ; en outre, ce dernier train,
au lieu d'être manœuvré par des hommes le suivant à pied,
qui en règlent le mouvement et la direction par le moyen
de chaînes et de cordes, mais d'une manière incomplète et
dangereuse pour la sécurité des passants, est dirigé par un
mécanisme composé de diverses roues d'engrenage qu'un
homme assis sur cet arrière-train gouverne seul et sans aucun danger.

(Cass., 12 mars 1854. — Olive *c.* Parat, *Annales*, 65,28).

168. — Est valable comme constituant une **application
nouvelle** de moyens connus, le brevet pris pour un *système d'ouverture de serrure* dans lequel on supprime les
bascules disposées ordinairement à l'intérieur des portières pour les remplacer par une tige à bascule armée d'un
levier qui fait rentrer le pêne et permet d'ouvrir la voiture.

> (Paris, 15 févr. 1866. — Desouches *c.* Moyne. *Annales*, 66, 81).

169. — L'emploi de baguettes de fer en forme de T
étant connu depuis longtemps dans la fabrication des re-
couvrements pour *portières de voiture,* il n'y a pas d'invention brevetable dans le fait de substituer aux baguettes de
fer, des baguettes de cuivre ayant la même forme et le
même usage.

> (Paris, 20 mars 1867; Cass., 10 août 1867. — Peussot *c.* Roulet.
> *Annales*, 67, 333).

170. — La charnière coudée dite « Briquet » étant
employée depuis longtemps pour l'ouverture et la fermeture des *portières de voiture,* il n'y pas **application nouvelle** brevetable dans le fait d'utiliser cette charnière pour
produire l'adhérence et la séparation de la capote d'un
landau.

> (Paris, 27 déc. 1867 et Cass., 13 nov. 1868. — Bouillon *c.* Binder.
> *Annales*, 69, 72).

171. — N'est pas brevetable la simple **substitution**
d'une matière à une autre qui ne produit pas un résultat
nouveau, les avantages qui en résultent, inhérents à la
matière employée ne pouvant constituer une découverte.
Spécialement ne peut faire l'objet d'un brevet la substitution de la tôle et du fer au bois dans la construction de
charriots destinés au transport de toutes matières.

> (Douai, 14 janvier 1886.—Dujardin *c.* Desmette, *Annales*, 87, 97).

XI. — ARQUEBUSERIE ET ARTILLERIE

Fusils. — Canons. — Equipements et travaux militaires.

172. — Le lustrage de la fonte au moyen d'un mélange de plombagine et d'huile de lin étant connu, il y a néanmoins application nouvelle brevetable dans le fait d'appliquer ce procédé à la *fonte de chasse.*

> (Trib. civ. Valence, fév. 1854. — David, cité par Blanc, p. 456 et par Pouillet, n° 40).

173. — Constitue un produit nouveau brevetable une *cartouche* fermée par un bourrelet remplaçant la colle. Sont également brevetables les outils destinés à confectionner les dites cartouches bourrelées, outils dont le pouvoir et la nouveauté résultent surtout d'une rainure circulaire creusée dans le refouloir destiné à produire le bourrelet.

> (Paris, 12 avril 1856.— Bourdon *c.* Ozaneaux et autres. *Annales,* 56, 221).

174. — Est brevetable l'idée d'appliquer au démontage des *fusils à culasse,* des organes qui n'avaient servi jusqu'alors qu'au basculage de ces fusils. Mais le brevet pris dans ces conditions ne met pas obstacle à ce que d'autres obtiennent le même résultat par le moyen d'organes différents.

> (Paris, 10 fév. 1858. — Claudin *c.* Moutier-Lepage. *Annales,* 58, 146).

175. — Est valable le brevet pris pour une *cartouche* fermée par un bourrelet remplaçant la colle, abstraction faite de l'outil employé à cet effet, et qui peut faire l'objet d'un certificat d'addition.

(Amiens, 1er juil. 1859. — Bourdon c. Lefèvre-Rouillard, *Annales*, 59, 334).

176. — Est valable le brevet pris pour des perfectionnements apportés dans la fabrication des *revolvers* et consistant : dans l'application de la cartouche introduite par la culasse, aux pistolets ayant un canon unique et une charge multiple ; dans un cylindre ou révolver percé de plusieurs trous coniques destinés à recevoir les charges, cylindre interposé entre le canon et la percussion, ayant pour point d'appui une culasse fixe ; dans une porte pratiquée à la culasse, afin de donner facilement passage à la cartouche ; dans le ressort qui empêche cette porte de s'ouvrir seule et de laisser tomber la cartouche ; dans une baguette qui sert à décharger le détritus de la cartouche lorsqu'elle a fait feu, ou la cartouche elle-même, sans avoir fait feu, baguette qui sert en même temps de cran de sûreté et d'arrêt ; enfin, dans un ressort intérieur qui tient le cylindre fixe lorsque le pistolet est armé.

(Paris, 30 janv. 1860. — Lefaucheux c. Gastine. *Annales*, 61, 49 et 28 janv. 1864, Lefaucheux c. Perrin. *Annales*, 64, 7).

177. — Le domaine public étant en possession d'un système d'*arme à feu*, dans lequel le tonnerre est garni d'une tige cylindrique ou tronc conique, entourée d'un espace vide destiné à recevoir les résidus de la cartouche et à augmenter l'impulsion du projectile, on doit voir un perfectionnement brevetable dans le fait de donner à la tige et à la chambre des dimensions déterminées de façon que les débris non encore consumés de l'enveloppe de la cartouche soient expulsés en même temps que le projectile et néanmoins que la portée de l'arme ne soit pas diminuée.

> (Paris, 14 août 1865. — Manceaux *c*. Ministre de la guerre. *Annales*, 65, 368).

178. — Est valable le brevet pris : 1º Pour un système *d'amorces* en papier renfermant une substance explosible et produisant la lumière et le bruit d'une arme à feu, mais exempte des périls que présentent les capsules métalliques ; 2º Pour divers systèmes de jouets d'enfant ayant la forme de pistolets et de canons disposés spécialement pour l'emploi de ces capsules inoffensives. On ne saurait voir une antériorité dans l'emploi, pour les armes de chasse et de guerre, de capsules de papier renfermant une substance analogue au fulminate contenu dans les amorces brevetées.

> (Paris, 23 août 1865 et Cass. 11 mars 1867. — Canouil *c*. Lemaire, Daimé. *Annales*, 67-122. — Paris, 6 mars 1868. *Annales*, 68,206 (1).

179. — Est nul le brevet pris pour un appareil *sertisseur des cartouches* dont le mécanisme diffère des précédents : 1º En ce que le levier se trouvant en bas, au lieu de se trouver en haut de la douille, la pression s'opère par le bas au lieu de s'opérer par le haut ; 2º En ce que, dans les systèmes antérieurs, c'est la partie inférieure et solide de la cartouche qui se trouve enfermée dans la douille en métal, tandis que dans l'instrument breveté c'est la partie supérieure qui se trouve enfermée dans la douille ; ce changement dans les dispositions des pièces de l'appareil ne produisant pas un résultat industriel nouveau.

> (Paris, 12 fév. 1870. — Schneider *c*. Perret. *Annales*, 70-71,165).

180. — Bien que la chambre vide et la tige centrale des *fusils se chargeant par la culasse* soit connue, celui-là fait

---

(1) Jugé en sens contraire par un arrêt de la Cour de Paris du 3 juillet 1869. *Annales*, 72,228.

de ces organes une application **nouvelle** brevetable qui,
modifiant leurs dispositions et les combinant avec une composition spéciale de l'enveloppe de la cartouche et avec le
point où la cartouche s'enflamme, arrive à une expulsion
complète des débris de cette cartouche.

(Paris, 18 janv. 1872. — Manceaux *c.* Chassepot. *Annales*, 72.
193).

XII. — INSTRUMENTS DE PRÉCISION

Horlogerie. — Appareils de physique et de chimie, appareils frigorifiques. — Médecine, chirurgie, hygiène. — Télégraphie, téléphonie. — Poids et mesures et instruments de mathématiques. — Production et transport de l'électricité. — Application de l'électricité.

181. — Les *pistons* et les coulisses à ressort étant dans le domaine public, on doit cependant voir une application nouvelle de moyens connus, brevetable, dans la réunion, sur un même instrument, de la coulisse mobile à ressort et des pistons, cette réunion produisant des effets nouveaux et importants, tels que la correction des sons faux produits par d'autres organes et la facilité d'obtenir des sons glissés avec des instruments qui, auparavant, n'en étaient pas susceptibles.

Est également brevetable un instrument dit *saxophone* qui, en raison de sa forme spéciale, produit des résultats nouveaux en faisant obtenir des sons analogues aux sons des instruments à cordes, mais plus forts et moins intenses.

(Paris, 16 fév. 1850. — Sax *c.* Raoux et autres. *Annales*, 57,209).

182. — Des ouvrages scientifiques ayant décrit et exposé l'idée de *mesurer la pression atmosphérique* au moyen d'un vase clos en métal, à résistances inégales, à parois flexibles, et dans lequel le vide est pratiqué, il y a invention brevetable dans le fait de créer un appareil où sont dis-

11

posés des ressorts pour opérer le plus ou moins de con-
traction des parois du vase clos. Mais on ne saurait voir
une contrefaçon dans le fait d'employer, en vue du même
résultat, un tube métallique recourbé dont la section est
de forme irrégulière, plus aplati dans une partie que dans
l'autre, et dont les extrémités se rapprochent ou s'écartent,
suivant que la pression augmente ou diminue.

(Paris, 22 juil. 1852. — Vidi c. Bourdon. Le Hir, 52,2,489).

183. — Est brevetable la forme nouvelle d'un *verre de
lorgnette*, quand il est constaté en fait que cette forme spéciale constitue par ses résultats un **produit industriel
nouveau.**

(Cass., 10 mars 1853. — Jamin. *Bull. crim.*, 53,136).

184. — Il y a invention brevetable dans le fait d'apporter à la fabrication *des instruments de musique en cuivre*
des modifications tendant à supprimer les angles et à agran-
dir les rayons des courbes, de manière à supprimer ou à
amoindrir les obstacles à la progression de l'air dans ces
instruments.

Sont également brevetables les perfectionnements ayant
produit une **modification dans la forme** d'une famille
entière d'instruments de musique, dans les sons obtenus,
dans la position et dans le doigté de ces instruments. Alors
même que tous les détails de l'ensemble imaginé par l'inventeur se trouveraient dans des instruments isolés, leur
coordination produisant des résultats inconnus jusqu'alors,
constitue la production d'un résultat industriel nouveau
susceptible d'être breveté.

(Rouen, 28 juin 1854. — Sax c. Raoux. *Annales*, 57,216).

185. — Le procédé de doublage avec de l'ivoire, de l'é-
caille ou un métal plus précieux étant d'une application
ancienne et générale dans la fabrication des *lorgnettes ju-*

melles, il n'y a pas invention brevetable dans le fait de l'appliquer aux rivures de l'échelle mobile. Cette idée ne constitue qu'un simple transport de moyens sans aucune modification essentielle, et on ne saurait, en conséquence, la considérer comme une application nouvelle susceptible d'être brevetée. Il en est de même pour l'idée de placer la roue dite molette au milieu des deux corps de la jumelle mobile et de combiner la molette ainsi placée avec l'échelle.

(Paris, 18 nov. 1858. — Magra *c.* Geoffroy. *Annales,* 58, 466).

186. — Bien que les *pessaires* en caoutchouc et les pelotes de même substance destinées à servir d'insufflateurs soient dans le domaine public, est valable le brevet pris pour un perfectionnement qui consiste à allonger le tube du pessaire et à l'armer d'un robinet, de manière à permettre tout à la fois à la personne malade de gonfler et dégonfler elle-même le pessaire sans aucun secours étranger.

(Paris, 4 mars 1859 et Cass., 26 mai 1859. — Gabriel *c.* Berguerand. *Annales,* 59,337) (1).

187. — Est nul le brevet pris pour une simple **modification de forme** dans la confection d'un *bandage* dit à pelote anatomique, laquelle pelote se termine par un prolongement doux faisant corps avec elle.

(Paris, 17 nov. 1859. — Simonneau *c.* Drapier. *Prop. ind.,* 22 déc. 1859).

188. — Est valable le brevet pris pour un *baromètre* métallique sans mercure, dit *anéroïde,* consistant en un vase métallique, élastique, non déformable, hermétiquement clos, gardant le vide pendant un temps indéfini, et

_____

(1) Le brevet Gabriel fut depuis déclaré nul pour défaut de nouveauté (Cass., 5 déc. 1861. *Annales,* 62,15).

dont les mêmes parois, douées par leur forme irrégulière de résistances inégales, mesurent d'une manière permanente, par leurs oscillations, les variations de la pression atmosphérique.

(Paris, 9 déc. 1859 et Cass., 9 juil. 1861. — Vidi *c*. Bourdon. *Annales*, 61,343).

189. — Est valable le brevet pris pour un nouveau mouvement d'*horlogerie* offrant la réunion combinée des moyens ci-après : 1° Établissement de côté de rouages aboutissant à l'échappement et indépendance de l'axe des heures, système permettant l'emploi de roues à grosses dentures ; 2° Remontage par derrière de l'axe du barillet ; 3° Mise à l'heure au centre et par derrière, fonctionnant à l'aide d'un renvoi, ces deux derniers mécanismes permettant l'usage de lunettes fixes sur le cadran ; 4° Minuterie placée à l'extérieur de la boîte. — Si chacun de ces moyens, pris séparément, était antérieurement connu, la combinaison résultant de leur réunion est nouvelle et a donné lieu à un **produit industriel nouveau** offrant notamment l'avantage d'une fabrication facile et bas prix.

(Paris, 13 mars 1862. — Redier *c*. Reclus. *Annales*, 62, 111).

190. — Est nul le brevet pris pour la réunion, dans le genre *accordéon*, d'un ensemble d'éléments empruntés à l'orgue, lorsque le perfectionnement ainsi obtenu résulte d'une **habileté d'exécution** et de fabrication qui est du domaine de l'ouvrier et du fabricant, et non du domaine de l'inventeur.

(Paris, 23 mai 1863. — Busson *c*. Kasriel. *Annales*, 64, 277).

191. — 1° Il n'y a pas d'invention brevetable dans le fait d'employer, pour l'*enroulement des ressorts de montres et de pendules,* un appareil employé depuis longtemps dans les tréfileries pour la mise en rouleau de certains fils de fer ;

2° Le *polissage des ressorts* à l'aide d'une meule à poulie pressée par un tampon étant connu, on doit néanmoins considérer comme brevetable un système consistant en plusieurs poulies ou meules disposées horizontalement, tournant dans le même sens, contournées successivement par les lames des ressorts qui y reçoivent le polissage des deux côtés à la fois.

> (Paris, 28 mars 1865, Cass., 31 juil. 1867. — Lefebvre *c.* Huet. *Annales*, 67, 323).

192. — Est valablement breveté comme constituant un **produit nouveau**, un instrument qui présente la connexion d'un *baromètre et thermomètre* concentriques.

> (Paris, 21 juill. 1866, Cass., 21 déc. 1866. — Richard *c.* Arronit. *Annales*, 67, 251).

193. — Est valable comme constituant une **application nouvelle de moyens connus**, un brevet pris pour un procédé qui consiste à multiplier, dans un petit espace, les surfaces enduites *de goudron*, afin d'en augmenter les émanations.

> (Paris, 16 fév. 1867. — Sax *c.* Bernard. *Annales*, 67, 261).

194. — Est valable le brevet pris pour un système de *remontage et de mise à l'heure des montres sans clefs* ayant pour caractères distinctifs : 1° La disposition nouvelle, au centre de la platine, d'un pignon moteur solidaire avec la tige du remontoir, jusqu'alors placé à la circonférence, ledit pignon se portant ainsi facilement et à volonté, au moyen du glissement de la tige qui le commande, soit sur la minuterie directement, soit sur le barillet ; 2° La simplification importante des mécanismes antérieurs par la suppression de deux roues au moins, grâce à l'action du pignon porté directement au centre de la platine.

> (Paris, 14 mars 1867. — Lœderich *c.* Gondelfinger. *Annales*, 68, 212).

195. — L'idée de rendre rigides deux branches articulées l'une sur l'autre étant connue, ainsi que les mécanismes d'arrêt composés d'un ressort et d'une encoche correspondantes, il faut voir une **application nouvelle** brevetable dans le fait d'appliquer ces dispositions à des mesures linéaires brisées, telles que des *mètres de poche*.

(Paris, 19 juil. 1867. — Deliège c. Tournier. *Annales*, 67, 335).

196. — Est brevetable comme constituant un **produit nouveau**, un *ruban métrique* subdivisé en centimètres et recouvert alternativement d'une couleur différente, centimètre par centimètre, ou décimètre par décimètre, ou demi-mètre par demi-mètre, suivant le service auquel l'instrument est destiné, de manière à rendre plus apparente à l'œil chacune des divisions et de façon, par suite, à en rendre la lecture plus rapide, le maniement plus prompt, plus sûr et plus rapide. — On ne saurait voir des antériorités, ni dans les mètres pliants des menuisiers, ni dans les mètres à clous des merciers, ni dans les décamètres avec chiffres de couleur dorée, ni enfin dans les chaînes et règles d'arpenteur contenant des divisions coloriées.

(Paris, 19 janv. 1882. — Vᵉ Pialorit c. Husson. *Annales*, 82, 197).

197. — Est brevetable comme constituant un **produit nouveau** un système de *jumelles de théâtre* dont les tubes, au lieu de rester solidaires et parallèles, peuvent se mettre en prolongement l'un de l'autre et former ainsi eux-mêmes une sorte d'étui renfermant les parties fragiles de l'appareil.

(Paris, 16 fév. 1882. — Fragerolle c. Vᵉ Bourdon. *Annales*, 82-229).

198. — Bien qu'on ait déjà employé, comme anodes, dans les piles, des charbons recouverts de métal, il faut voir une **application nouvelle** brevetable dans le fait d'appliquer ces charbons, comme rhéophores, aux *lampes électriques.*

(Paris, 29 nov. 1882.—Reynier *c.* de Sourdeval. *Annales*, 84, 57).

199. — Est valable le brevet pris pour la **combinaison** de quatre éléments qui n'avaient jamais été réunis pour la construction d'un *ébullioscope*, savoir: 1° Une bouillotte surmontée d'un couvercle donnant passage à un thermomètre et à un tube mis en communication avec un réfrigérant : 2° Un tube annulaire fixé au bas de la bouillotte ; 3° Une cheminée traversée par ce tube et destinée à calibrer la surface de chauffe ; 4° Enfin, une lampe dont la mèche est enveloppée dans une toile métallique, afin de fixer la longueur de la flamme.

(Cass., 10 fév. 1883. — Malligrand *c.* Salleron. *Annales*, 84, 74).

200. — Est valable, comme constituant une **application nouvelle**, le brevet pris pour un appareil dit *thermo-cautère*, qui se compose principalement d'une chambre close pouvant affecter toutes les formes voulues pour les opérations chirurgicales, faite de platine ou de tout autre métal ayant les mêmes propriétés, bourrée à l'intérieur de fragments ou de fils de même métal et dans laquelle on projette, à l'aide d'une soufflerie, un mélange combustible (de l'hydrocarbure volatil) qui y entretient l'incandescence aussi longtemps que dure l'opération, à la condition qu'elle ait été préalablement portée à l'incandescence. Il importe peu que ces divers éléments : le foyer de combustion ou chambre close, le récipient à hydrocarbure volatil et la soufflerie, soient connus et qu'on les trouve même réunis dans d'autres appareils en usage dans l'industrie, leur réunion dans un appareil de chirurgie produisant des résultats différents et constituant par suite une application nouvelle.

(Paris, 9 mai 1883. — Paquelin *c.* de Coster. *Annales* 83, 334).

201. — Est brevetable comme constituant une application nouvelle d'un principe scientifique connu, un système de *télégraphie électrique* imprimant automatiquement les dépêches au moyen de 31 signaux formés par les diverses combinaisons des effets produits par cinq courants électriques, reçus à la station d'arrivée par un appareil dit rameau conducteur, qui, en fonctionnant suivant la loi de la progression géométrique, 1, 2, 4, 8 et 16 combine les effets multiples de ces cinq courants en un effet simple.

(Cass., 18 déc. 1883. — Mimault *c.* Baudot. Sirey, 1884,I,325).

202 et 203. — Constitue un **produit industriel nouveau** la *bascule automatique* dans laquelle la pesée s'opère sitôt que le corps à peser est placé sur le plateau, le résultat de la pesée n'étant visible sur le cadran qu'après réception d'une pièce de monnaie déterminée.

(C. Rouen ap. cass., 11 juillet 1891 et Cass., 4 mars 1892. *Annales*, 92,359).

204. — Il n'y a pas invention nouvelle dans le fait de **transporter d'une industrie dans une autre**, l'emploi d'une matière jouissant de propriétés connues. Spécialement l'alliage du plomb et de l'antimoine étant utilisé pour les caractères d'imprimerie à cause de sa dureté, le fait de l'employer pour construire des *plaques d'accumulateur* indéformables ne constitue pas une invention.

(Paris, 5 mai 1893. — Société française des accumulateurs *c.* Rousseau, *Annales,* 93,191).

XIII. — CÉRAMIQUE

Briques et tuiles. — Poteries, faïences, porcelaines, verrerie.

205. — Bien qu'il existe des *faïences* naturellement ingerçables, il faut néanmoins voir une invention susceptible d'être brevetée dans le fait d'obtenir, à l'aide d'un mélange de plusieurs substances, des produits ne gerçant pas, avec des terres qui ne fourniraient que des faïences dont le produit se gercerait.

(Paris, 17 fév. 1884. — Pichenot c. Vogt et autres. Dalloz
Vº Brevet d'invention, nº 50).

206. — Est valable le brevet pris pour un système de four, garni de double courants d'air dans le but de faire fournir à la houille une flamme longue et abondante indispensable pour la *cuisson de la porcelaine*. Mais l'inventeur ne peut interdire à d'autres le droit de fabriquer la porcelaine dure à la houille en employant des procédés différents.

(Bordeaux, 18 mars 1856. — Gérard et Bonnichon c. Vieillard.
Annales, 56,105).

207. — Est valable le brevet pris pour un procédé de *dorure sur porcelaine* présentant comme points nouveaux 1º L'addition à la solution d'or, de l'eau qui modère l'action qu'exerce cette solution sur le baume de soufre ; 2º La substitution au baume de soufre huileux, employé auparavant, d'un baume spécial, à l'aide d'un mélange d'essence de lavande et d'essence de térébenthine ; 3º L'addi-

tion au baume de soufre de la térébenthine de Venise ;
4° Le lavage du produit aurifère, qui a pour résultat de le
soustraire à l'action intérieure des acides ; 5° L'addition
au produit aurifère obtenu des essences de lavande et de
térébenthine.

(Paris, 30 déc. 1859. — Dutertre c. Bertrand. *Annales*, 60,148).

208. — La chromolithographie étant connue, il faut en
voir une **application nouvelle** dans le fait de l'appliquer à
la *décoration des porcelaines*, surtout lorsque le brevet décrit un procédé spécial consistant : 1° Dans la superposition
des couleurs par des tirages successifs ; 2° Dans le tirage
des couleurs dans un ordre inverse des impressions ; 3° Dans
l'application d'une pierre silhouette ; 4° Dans l'emploi de
l'essence grasse pour l'application de la peinture sur porcelaine.

(Paris, 23 mars 1860. — Maugine c. Mace. *Prop. ind.*, 5 avril
1860).

209. — La formation de la bague des *bouteilles* par le
refoulement au moyen de fers ciselés et par le réchauffe-
ment dans un ouvreau spécial, étant pratiquée dans les
branches de l'industrie verrière qu'on appelle *gobeleterie*
ou *topetterie*, on ne saurait voir une **application nouvelle**
brevetable, dans le transport de ce procédé à la fabrication
du verre à bouteille.

.(Lyon, 6 déc. 1865. — Raab et Cie c.Neuvezel, *Annales*, 66,234).

210. — Est brevetable un procédé de *fabrication de car-*
reaux consistant dans l'emploi de chaux hydraulique et de
sable légèrement imprégnés d'eau et dont le mélange forme
une poudre, ne contenant presque pas d'eau (Cette poudre
encore humide est passée au blutoir et soumise à une forte
pression qui la réduit environ au tiers de son volume et
donne un produit solide et de belle apparence). .

(Paris, 23 août 1868. — Jolijon c. Vᵉ Bourgeois. *Annales*, 68,91).

211. — Est valable le brevet pris pour un *moule mosaïque* destiné à la *fabrication de carreaux* polychromes à base de chaux hydraulique, composé de châssis mobiles et à plaques découpées, permettant sûrement le dépôt des couleurs variées dans chaque case, sans mélange de l'une dans l'autre. On ne saurait voir une antériorité dans un système de réseaux ou casiers placés au fond d'un moule qu'on ne peut remplir sur une certaine hauteur, ni enlever sans courir la chance de faire tomber sur les mélanges une certaine quantité de la poudre destinée à la coloration.

(Montpellier, 20 mai 1872. — Larmanjat *c.* Roger. *Annales,* 73,347).

212. — Est nul le brevet pris pour un procédé de *fabrication mécanique des tuiles et pannes* consistant dans la juxtaposition de trois machines (cylindres malaxeurs, boîtes de compression, presse), employées auparavant sinon ensemble, au moins isolément et qui ne constituent nullement un ensemble indivisible.

(Douai, 10 juin 1872, Cass., 20 fév.1874. — Dumont *c.* Roulet. *Annales,* 74,148).

213. — Il y a invention brevetable dans le fait de fabriquer en chaux hydraulique et en ciment des *carreaux* incrustés et polychromes qui ne s'obtenaient jusqu'alors qu'en terre cuite et faïence.

(Toulouse, 19 fév. 1873. — Larmanjat *c.* Larrieu. *Annales,* 73,354).

214. — Un brevet peut être valablement pris pour un appareil mélangeur destiné à la *fabrication du ciment Portland artificiel* mais il ne saurait protéger les procédés de fabrication eux-mêmes (triage des calcaires argileux dosage, analyse, trituration et mélange) qui sont dans le domaine public et que le breveté pratique seulement avec de plus grands soins et de plus grandes précautions qu'on ne faisait avant lui.

(Douai, 16 mars 1877. — Lonquéty et Cie (Brevet Demarle et Cie) c. Lefebvre. Annales, 77,310).

215. — Est brevetable comme constituant une **combinaison nouvelle** l'idée d'adapter à un *moule à bouteilles* rotatif du domaine public un système de piqûre mobile également.

(Toulouse, 28 juin 1882.— Allain Chartier et Cie c. Rességuier. Annales, 82, 279).

216. — Il y a **application nouvelle** dans le fait d'employer la glycérine comme agent réducteur dans un *procédé de dorure* dont tous les autres éléments sont du domaine public, alors qu'il est constaté en fait, que la glycérine a une grande valeur comme agent réducteur dans l'industrie de la dorure sur verre et que son emploi donne des résultats industriels nouveaux, à raison de la perfection des produits qu'il permet d'obtenir.

(Paris, 23 nov. 1885 et Cass., 26 fév. 1886. — Desoye c. Dodon. Annales, 87,327).

217. — Constitue une **combinaison nouvelle de moyens** connus et est brevetable (alors qu'il existait dans le domaine public des procédés de bouchage de flacons permettant de verser goutte à goutte et sans enlever l'organe obturateur du flacon) l'ensemble de dispositions ayant pour objet: 1° Un tube central traversant dans toute sa longueur un bouchon quelconque, fileté à sa partie supérieure et portant un épaulement pour retenir le capuchon ; 2° une coiffe ou capuchon fileté présentant à son centre un téton conique obturateur et percé de deux trous pour obtenir une communication entre l'intérieur et l'extérieur du capuchon qui est serti sur un tube central. L'adaptation au bouchage des liquides d'un appareil qui n'avait servi antérieurement que

de robinet à air (pour les coussins en caoutchouc), constitue un **transport brevetable d'une industrie dans une
autre.**

> (Trib. corr. Seine, 13 avril 1888. — Agnel *c.* van Eeckover. *An-
> nales*, 90,77).

218. — *Le verre craquelé* et le verre métallisé étant chacun isolément dans le domaine public, il faut néanmoins
voir un **produit nouveau** dans un verre réunissant ces deux
formes et ayant ces deux caractères (verre craquelé-métal-
lisé).

> (Trib. civ. Seine, 31 juillet 1889. — Jean *c.* Monod, *Annales*,
> 87,85).

219. — Est brevetable un système de *table à découper
les tuiles creuses,* consistant dans l'application de règles
ou gabarits au découpage de l'argile qui remplace avantageusement le découpage à la main seul usité jusqu'alors,
lequel exigeait de l'ouvrier une habileté et une expérience
devenues inutiles désormais.

> (Aix, 5 nov. 1889. — Guichard *c.* Société des Tuileries, *Anna-
> les*, 92,105).

XIV. — ARTS CHIMIQUES

Produits chimiques. — Matières colorantes, encres. — Poudres et matières explosives. — Corps gras, bougies, savons, parfumerie. — Essences, résines, cires, caoutchouc. — Sucre. — Boissons. — Vin, alcool, éther, vinaigre. — Substances organiques, alimentaires et autres et leur conservation.

220. — Est brevetable l'idée de faire des *capsules gélatineuses* pour servir d'enveloppe aux médicaments.

(Cass., 12 nov. 1835. — Mothes. *Sir.* 39,1,932).

221. — Est brevetable comme application nouvelle un procédé consistant à faire perdre à la *gomme élastique* son élasticité par une tension fortement prolongée et par le refroidissement, et à donner ensuite, par l'application d'un fer chaud, au tissu formé des fils de cet étirage et revêtu de matière filamenteuse, l'élasticité propre au caoutchouc dont on l'avait d'abord privé pour l'assouplir et en rendre la fabrication plus facile. On ne saurait voir une antériorité dans un procédé consistant à soumettre la gomme élastique à un étirage mesuré, de manière à ne pas lui faire perdre son élasticité, et à faire de la gomme ainsi étirée, des cordons et lacets, lesquels réunis entre eux forment des tissus plus ou moins parfaits, n'ayant d'autre élasticité que celle conservée au caoutchouc ou gomme élastique par l'étirage restreint de cette substance.

(Cass., 12 juil. 1837. — Rattier et Guibal *c.* Barbier et autres, Dalloz, Vᵒ Brev. d'inv., n. 154).

222. — Le procédé de *filtrage des liquides* par la pression dans les vases clos étant connu, il faut voir une invention brevetable dans le fait de substituer au mode de nettoiement des filtres par ascension et par descente, un procédé de nettoiement par chocs et par secousses permettant d'obtenir, sans démonter les appareils et sans en remanier les matières, des résultats plus puissants que ceux obtenus jusqu'alors.

(Paris, 13 août 1838. — Fonvielle *c.* Larit de Sornay. Dalloz, Vo Brev. d'inv., no 49).

223. — Le *pain ferrugineux* (mélange de sels de fer avec le pain) constitue un **produit pharmaceutique** et par conséquent n'est pas brevetable.

(Trib. civ. Seine, 5 mars 1847. — *Le Droit*, no 60).

224. — Bien que le *traitement du jus de betterave* par l'action combinée de la chaux et du calorique et par l'emploi de l'acide carbonique soit connu, il y a néanmoins **application nouvelle** brevetable dans le fait de combiner ces agents dans des proportions différentes et d'après les lois tirées de leurs propriétés organiques.

(Cass., 15 fév. 1853. — Rousseau *c.* Bonzel. Dalloz, 53, 5, 53).

225. — L'*alcali volatil* étant autrefois obtenu par le traitement de sels ammoniacaux, obtenus eux-mêmes, dans une précédente opération, par la distillation des eaux ammoniacales, il y a invention brevetable dans le fait de produire directement l'alcali volatil, par une opération unique, à l'aide de la distillation des eaux ammoniacales.

(Cass., 11 juin 1853. — *Bull. crim.*, 53, 320).

226. — La *trituration des graines oléagineuses* au moyen d'un jeu de laminoirs superposés dont les cylindres marchent à vitesse inégale, étant connue, il n'y a pas d'invention brevetable dans le fait d'obtenir, par un **emploi plus**

intelligent de laminoirs, un rendement plus considérable.

(Aix, 4 août 1853. Cass., 20 mars 1854. — Auzet c. Falguières. Dalloz, 54, 1, 380).

227. — Est valable le brevet pris pour un appareil permettant d'obtenir de l'*eau-de-vie marchande* d'un seul jet, sans colonne de rectification, en faisant servir le marc de raisin comme condensateur. Il importe peu que cet appareil ait été, dans certaines de ses parties, emprunté au domaine public, s'il se distingue : 1° Par la forme conique de ses vases distillatoires : 2° Par l'ouverture du diamètre entier de ses vases, facilitant le traitement ; 3° Par l'usage de paniers en métal pour décharger le marc ; 4° Par la suppression de la colonne de rectification. Alors même que chacune de ces dispositions, prise isolément, serait tombée dans le domaine public, leur réunion constitue une **application nouvelle** de moyens connus susceptible d'être brevetée.

(Cass., 15 juil. 1854 et Paris, 19 juin 1858. — Villard c. Crépeau. *Annales*, 57, 402 et 58, 307).

228. — Le domaine public étant en possession d'un procédé de *fabrication de l'orseille* qui consiste à broyer les lichens, mousses et variolaires, à les baigner dans des barques de bois et à les arroser avec des urines ou de l'ammoniaque, et ensuite à brasser la pâte résultant de ces opérations et à la soumettre à l'action de l'air, il y a invention brevetable dans le fait d'imaginer un système consistant à faire subir des lavages successifs aux lichens broyés, à filtrer ces eaux de lavage pour en expulser les matières ligneuses et étrangères, puis à recueillir les eaux ainsi filtrées où ne se trouvent plus que les principes colorables, pour ensuite les rassembler par un précipité produit par le sel d'étain et les convertir finalement, par l'action de l'air et de l'ammoniaque, en orseille industrielle.

Le brevet pris dans ces conditions porte à la fois sur le **produit** et sur le **procédé**.

Il importe peu que ce produit (l'orseille pur) ait été obtenu auparavant en petites quantités, à titre d'échantillons pour collection ou pour servir à des **expériences scientifiques**, dans des conditions et à des prix tels que le procédé ne pouvait être employé dans l'industrie.

> (Cass., 7 juillet 1855. — Frezon *c.* Pommier. *Annales*, 1855, 110) (1).

229. — L'extraction directe, par distillation et au moyen de la chaux, de l'*alcali* étant connue et pratiquée dans les laboratoires aussi bien que dans l'industrie, ce procédé ne peut faire l'objet d'un brevet valable. Mais constitue une **application nouvelle** de moyens connus, la réunion intelligente d'agents et d'organes du domaine public, formant un appareil qui a pour résultat, non seulement une opération plus prompte et plus sûre, mais des produits plus purs et de meilleure qualité que par le passé. Dans ce cas, le droit du breveté est restreint à l'appareil dont l'imitation frauduleuse peut seule constituer une contrefaçon.

> (Paris, 9 juill. 1855. — Cavaillon *c.* Mallet. *Annales*, 1855, 179).

230. — Est brevetable la **combinaison** de deux substances alimentaires par exemple du *chocolat* et du *gluten*. Mais il n'y a pas contrefaçon de la part du pharmacien qui, modifiant cette combinaison, y ajoute une substance médicamenteuse telle que le sel de Vichy.

> (Cass., 14 déc. 1855. — Durand *c.* Larbaud. *Annales*, 56, 108).

---

(1) Un arrêt postérieur de la Cour de Paris (21 juin 1861) a déclaré le brevet Frezon, nul en ce qui concerne le produit (*Annales*, 62, 83).

231. — Est brevetable comme constituant une **application nouvelle** de moyens connus un mode de *conservation de l'extrait d'oignons brûlés*, basé sur la préservation du contact de l'air et de l'humidité à l'aide d'enveloppes gélatineuses.

Est également valable le brevet pris pour une préparation spéciale de l'extrait d'oignons brûlés qui amène cette substance à un état solide non encore obtenu, en forme de pastilles inaltérables jusqu'à l'emploi auquel elles sont destinées.

(Paris, 8 fév. 1855. — Duval *c.* Gélis. *Annales*, 56, 85).

232. — Est valable le brevet pris pour un système de chaudière à bain-marie concentré, destiné à la *préparation et à la conservation des substances alimentaires*, système combiné avec un manomètre servant à la fois d'indicateur de la tension de la vapeur dans la chaudière et du degré de température. Bien que les deux organes, la chaudière et le manomètre soient isolément dans le domaine public, leur **combinaison** constitue un appareil mécanique et un résultat industriel nouveaux, susceptibles d'être brevetés.

(Paris, 10 mai 1856. — Chevalier-Appert *c.* Salles. *Annales*, 56, 217).

233. — Est nul pour défaut de nouveauté le brevet pris pour une *boisson* composée à l'aide de substances connues (spruce-fir ou extrait de bourgeons de sapin du Canada, racine de gentiane jaune, houblon et sucre), alors que ce mélange était indiqué dans des ouvrages antérieurs.

(Rouen, 27 juin 1856. — Lecomte *c.* Quesnel et Fribourg. *Annales*, 56, 345).

234. — La substitution de l'oxychlorure de zinc aux divers métaux et alliages usités pour le *plombage des dents*, est susceptible d'être brevetée. Ce nouveau ciment chimique ne saurait être considéré comme un **remède** mais comme un moyen d'obturer et de réparer la perte de la substance que présente la dent malade.

(Paris, 6 mai 1857. — Sorel *c.* Billiard, *Annales*, 57, 268).

235. — Est brevetable l'idée de *comprimer des légumes* amenés soit dans leur état naturel, soit après un échaudage dont le degré varie suivant la nature du légume, à l'état de dessiccation parfaite au moyen des procédés qui sont dans le domaine public (cette compression énergique conservant presque indéfiniment le légume rendu inaccessible à l'humidité de l'atmosphère et lui permettant ensuite, quand il est placé dans de l'eau chaude, de revenir à son état primitif sans avoir perdu ni ses propriétés nutritives, ni sa forme, ni sa couleur, ni sa saveur). — Ne saurait être considéré comme antériorité un système de pression exercée graduellement sur le légume qui vient d'être cuit ou échaudé, et est encore rempli soit de son humidité naturelle, soit de l'eau dans laquelle il vient de subir la cuisson et l'échaudage.

(Paris, 11 juin 1857. — Chollet *c.* Rubigny. *Annales*, 58,110.
Cass., 6 novembre 1854. — Chollet *c.* Loiseau. Dalloz, 55,1,346).

236. — L'idée d'utiliser les résidus de *fécule de pommes de terre* étant connue, il a néanmoins invention brevetable dans le fait d'imaginer en vue de ce résultat, un nouveau système consistant dans le repassage à la râpe des résidus qu'on fait ensuite passer sous des meules avec une certaine quantité d'eau de lavage ; dans l'emploi du chlore, des chlorures et hyperchlorates et autres agents décolorants, et enfin dans l'emploi du kaolin ou autre matière analogue qui produit la précipitation de la fécule et par suite la séparation du son et des matières étrangères qui peuvent avoir été mélangées aux résidus.

(Amiens, 26 nov. 1857. Planque *c.* Cauchin. *Annales*, 58,284).

237. — Le domaine public étant en possession de divers procédés tendant à rendre le *caoutchouc* insensible au froid et à la chaleur, par l'emploi du soufre soit mélangé, soit combiné avec lui, il y a invention brevetable dans le fait de combiner le soufre et le caoutchouc à froid par une application industrielle de la loi chimique de l'affinité des corps.

(Cass., 31 déc. 1857. — Masse-Nicod et Cie *c.* Garnier. *Annales,* 59,202).

238. — Alors même que l'idée d'appliquer la force centrifuge au *clairçage du sucre* serait connue, il y a invention brevetable dans le fait d'imaginer, en vue de ce résultat, un appareil présentant les dispositions suivantes : tambour mobile plus large que haut, complètement ouvert, sans croisillons, pour que l'opération puisse être suivie et surveillée ; à la partie supérieure du tambour, vers la circonférence, rebord ou plateau annulaire assez large pour faire obstacle au mouvement ascensionnel et empêcher la projection du sucre hors du tambour, assez étroit pour ne pas gêner l'opération ; renflement conique qui saisit l'arbre de rotation vers le niveau supérieur du tambour, et le rendant ainsi solidaire avec le reste de l'appareil, sans embarrasser l'orifice central comme les croisillons, accélère la projection du sucre, du centre aux parois du tambour, et assure la solidité de l'appareil.

(Paris, 4 janv. 1858. — Rohlfs, Seyrig *c.* Crespel Dellisse et Cie. *Annales,* 58,76).

239. — Est brevetable comme **application nouvelle** de moyens connus, un procédé de *conservation des substances alimentaires* consistant dans une chaudière hermétiquement fermée avec les accessoires et munie d'un manomètre dont l'emploi n'est pas seulement d'indiquer le degré de pression intérieure, mais principalement de déterminer le degré de chaleur intime auquel sont soumises les substances expérimentées. Il en est ainsi, alors même que les organes essentiels de ce procédé pris isolément seraient depuis longtemps connus, l'invention consistant dans leur **combinaison** utilement appliquée à l'industrie des conserves alimentaires.

(Cass., 11 fév.1858.—Chevalier-Appert *c.*Pellier frères.*Annales*, 58, 344).

240. — L'acide sulfurique étant connu comme élément de fermentation *des jus de betteraves*, mais seulement à l'état de fait scientifique, fondé sur une **expérience de laboratoire**, est valable le brevet pris pour un emploi de cet acide à certains dosages dont la détermination a donné la possibilité d'obtenir industriellement l'alcool de betterave.

(Paris, 21 mai 1858 (après Cass.). — Dubrumfaut *c.* Lanfrey et autres. *Annales*, 58,261).

241. — Est nul le brevet pris pour l'utilisation, par des moyens connus, des eaux extraites de la *garance* et leur conversion en alcool, si la nouveauté du procédé indiqué consiste seulement dans l'emploi de cuves plus grandes, afin de faciliter la fermentation.

(Cass., 3 août 1858. — Buissin *c.* Clauzeau. *Annales*, 60,361).

242. — Est valable, comme constituant à la fois un produit **nouveau** et une application **nouvelle** de moyens connus, un brevet ayant pour objet : 1° De concentrer en pastilles solides l'*extrait d'oignon brûlé* ; 2° D'entourer ces pastilles d'une substance connue, afin de la soustraire aux influences atmosphériques.

(Rouen, 23 décembre 1858. — Gélis *c.* Duval. *Annales*, 59, 77).

243. — Est nul, pour défaut de nouveauté, le brevet pris pour un procédé de fabrication de *l'acide picrique*, consistant à prendre les huiles provenant de la distillation du goudron de houille, à les agiter, à froid ou à une douce chaleur avec une dissolution caustique de potasse ou de soude ; à recueillir la partie des huiles qui s'est combinée à la potasse ou à la soude, à la dégager de ces alcalis à l'aide de l'acide sulfurique ou de l'acide hypochlorique, et à traiter ces résidus que la science appelle acide phénique par l'acide nitrique, dernière opération qui donne l'acide picrique en pâte. En vain, le breveté prétendrait-il qu'il y a eu de sa part invention dans la **substitution** de la soude à la potasse et de l'acide sulfurique à l'acide chlorhydrique, lorsque d'une part il n'existe chimiquement aucune différence, soit entre la potasse et la soude, qui ont les mêmes bases et propriétés, soit entre les acides sulfurique et chlorhydrique qui ont la même énergie ; et que d'autre part le brevet ne mentionne même pas les prétendus avantages produits par la substitution de ces substances les unes aux autres.

(Paris, 31 mars 1859. — Bobœuf c. Guinon. *Annales*, 60, 131) (1).

244. — Bien qu'on ait déjà fabriqué le noir animal par un procédé de distillation ou carbonisation des matières combustibles avec emploi d'un courant de vapeur, il y a néanmoins invention brevetable dans le fait d'appliquer ce procédé à la *préparation des poudres de guerre*.

(Paris, 18 juil. 1859. — Thomas et Laurens c. Ministre de la guerre. Dalloz, 59,1,196).

245. — L'idée de renfermer des médicaments dans des capsules gélatineuses étant connue, il y a invention brevetable dans le fait d'imaginer un instrument dit *capsulier*, combiné en vue de ce résultat et composé de trois pièces :

(1) Cet arrêt ayant été cassé, le brevet Bobœuf fut validé par un arrêt de la Cour de Rouen du 2 août 1860 (*Annales*, 60, 363).

un cadre et deux moules plats, percés de trous semblables, et devant correspondre ensemble lorsqu'ils sont superposés et réunis au moyen du cadre.

(Trib. corr. Seine, 15 fév. 1860. — Clertan c. Machiewiez. *Annales*, 60,116).

246. — Le domaine public étant en possession, pour la *fabrication de la bière*, d'agitateurs composés de deux arbres en croix solidaires dont l'un, vertical, imprime le mouvement de rotation, il ne saurait y avoir invention brevetable dans le fait d'appliquer cet appareil à des cuves de dimension moindre, en n'y apportant que des modifications de détail sans importance commandées par le **changement de dimension** des cuves.

(Cass., 29 nov. 1861. — Botta c. Dresch. *Annales*, 61, 401).

247. — Bien que des moyens employés pour *aviver le vermillon* n'aient pas tous le caractère de la nouveauté, il est du moins manifeste que leur réunion et l'ordre systématique et solidaire suivi pour leur mise en œuvre, constituent une **application nouvelle** de moyens déjà connus en partie pour obtenir un résultat industriel important (la transformation du cinabre en un vermillon d'une richesse de nuance et d'une solidité ignorées jusqu'alors).

(Paris, 5 déc. 1861. — Ringaud c. Desmottes. *Annales*, 62,370).

248. — Bien que l'existence du *rouge d'aniline* ait été reconnue et mentionnée dans un mémoire scientifique, celui-là fait une invention brevetable qui le premier produit industriellement et applique à la teinture cette substance colorante. Le brevet porte à la fois sur le **produit nouveau** (*la fuschine*) et sur son mode d'extraction.

(Paris, 1er fév. 1861.— Lyon, 13 déc. 1861 et Cass., 13 août 1862. — Paris, 31 mars 1863. — Renard et Franc c. Beauvisage et autres. *Annales*, 63,290).

249. — L'application du *sulfate d'albumine* à la *désin-fection* étant connue, l'idée de concentrer et de pulvériser cette substance n'est pas brevetable, quand il n'est indiqué aucun appareil ni procédé nouveau destiné à opérer cette concentration et pulvérisation.

(Paris, 7 mars 1862. — Paulit *c.* Moll. *Annales*, 62,132).

250. — Est valable le brevet pris pour la combinaison, en vue de la *production industrielle du froid* des principes suivants : 1° La liquéfaction des gaz sous leur propre pression ; 2° L'abaissement de la température par l'absorption de la chaleur latente au moyen de l'évaporation ; 3° L'affinité de certains corps sous l'influence d'une température déterminée cessant avec cette température elle-même.

On ne saurait voir une antériorité dans des travaux publiés dans des conditions purement scientifiques et n'ayant pas pour objet la fabrication de la glace.

(Paris, 13 avril 1863. Cass., 30 nov. 1864. — Carré *c.* Haussmann. *Annales*, 65,126).

251. — L'*orseille*, matière colorante tirée des lichens, étant connue, celui-là crée néanmoins un **nouveau produit** brevetable qui découvre dans les lichens une nouvelle matière colorante (dite *pourpre française*) et caractérisée par des propriétés tout à fait spéciales que l'ancienne orseille ne possède pas, savoir : la solidité ou la résistance à l'air et aux acides faibles, et la coloration en nuances jusque-là non obtenues, entre autres la nuance pure violette.

(Lyon, 29 janv. 1863 et Cass., 18 janvier 1864.— Guinon, Marnas et Bonnet *c.* Messionnier. *Annales*, 64,343).

252. — Il n'y a pas invention brevetable dans le fait de substituer du fil de jute (chanvre indien) au fil de chanvre européen dans la *fabrication des sacs à pulpes*, alors que cette **substitution** ne produit, pour l'industrie sucrière, aucun résultat utile ou économique.

> (Douai, 23 mai 1865. — Deloigne. Jurisprudence de Douai, 65,241).

253. — Le domaine public étant en possession d'un procédé *d'injection des bois au sulfate de cuivre,* dans des cuves cylindriques garnies intérieurement d'un fourreau de feutre, doublé de madriers de pin, pour protéger le métal de l'appareil contre l'action de la dissolution antiseptique, il n'y a pas invention brevetable dans le fait de remplacer le revêtement intérieur par une feuille de plomb, de caoutchouc ou de gutta-percha, ou de tout autre matière imperméable, recouverte d'une doublure de bois.

> (Paris, 1er fév. 1866. — Berthell, Dorcett et Cie *c.* Burt et Cie. *Annales,* 66,241).

254. — Les principes de la concentration du calorique, de l'herméticité et de la surélévation de la température au delà de 100 degrès, ayant été appliqués à la *conservation des substances alimentaires,* un brevet peut être valablement pris pour un ensemble d'appareil, un agencement d'organes destinés à les réaliser, mais il est loisible à toutes personnes d'appliquer les mêmes principes à la condition d'employer un procédé différent.

> (Orléans, 25 juillet 1866. — Cass., 8 mars 1867. *Annales,* 67, 161).

255. — Est brevetable comme constituant un **produit nouveau,** une *eau dentrifice* composée d'ingrédients connus, mais avec des doses qu'il était impossible auparavant de distinguer dans les compositions analogues du domaine public.

> (Paris, 16 janv. 1867 et 22 avril 1868. — Lamoureux et Chouet *c.* Milcent. *Annales,* 68, 256).

256. — Est valable le brevet pris pour un procédé *de conservation du bois* qui consiste dans la **combinaison d'é-**

léments nouveaux (emploi d'un courant de vapeur et d'un condensateur séparé et spécial) et d'éléments connus : emploi du sulfate de cuivre en vase clos ; d'un cylindre en cuivre et de dissolutions antiseptiques chaudes.

Le breveté peut, dans ce cas, revendiquer l'ensemble de la combinaison, et chacun des éléments dont il est l'inventeur, mais il n'a aucun droit sur les éléments du domaine public considérés isolément.

(Paris, 24 avril 1867. — Legé et Fleury-Pironnet *c.* Norès. *Annales*, 67, 132).

257. — La fabrication des *boîtes métalliques pour conserves* avec fonds bombés par emboutissage étant connue, il n'y a pas invention brevetable dans le fait d'appliquer à cette forme bombée la soudure à la plaque également connue.

(Paris, 28 mai 1867. — Pelletier *c.* Boscher. *Annales*, 67, 372).

258. — On ne saurait voir une invention brevetable dans l'application à l'industrie du *sulfure de carbone comme agent d'extracteur des corps gras* ; une pareille application ayant pu être naturellement faite sans effort de l'intelligence, à l'aide d'instruments connus, dès le jour où la fabrication du sulfure de carbone a pu être perfectionnée et son prix commercial réduit dans de notables proportions.

(Aix, 16 fév. 1868 . — Deiss *c.* Deprat. *Annales*, 68, 42).

259. — Est brevetable comme constituant une **application nouvelle** un procédé d'*extraction du moût des raisins pour la fabrication des eaux-de-vie*, consistant dans l'emploi de l'eau comme agent de macération et d'extraction des matières vineuses, l'eau étant jetée, non plus comme dans le passé, sur les marcs écrasés par le pressurage, mais avant le pressurage, sur la vendange fraîche et seulement foulée, avec renouvellement de cette eau dans certaines proportions déterminées, et des lavages successifs plus au moins prolongés suivant le degré des moûts accusé par un régulateur ou pèse-moûts.

(Cass., 25 mars 1868. — Petit et Robert c. Eschassériaux. *Annales*, 68,145.— Id. Bordeaux, 27 avril 1869.*Annales*,70-71,17).

260. — Est nul le brevet pris pour l'idée d'employer industriellement le *suint* comme *source de potasse* alors que cette idée avait fait, dans un ouvrage publié antérieurement, l'objet d'une description suffisante pour en permettre l'application.

(Amiens, 24 avril 1868. Cass., 9 avril 1869. — Maumené et Rogelet c. Dupont. *Annales*, 69, 328).

261. — Est valable le brevet pris pour des perfectionnements apportés au *traitement des betteraves* et consistant dans : 1º La combinaison de l'appareil Mathieu Dombasle avec la disposition de Beaujeu ; 2º La substitution des sulfates et muriates à l'acide sulfurique employé autrefois pour la macération ; 3º La fermentation continue ; 4º La substitution de la vinasse à l'eau pour augmenter le rendement de la betterave.

(Bourges, 25 avril 1868, Cass. 8 juin 1860. — Champonnois c. Veillat. *Annales*, 72, 266).

262. — Le *rouge d'aniline* étant connu, on ne saurait voir un **produit nouveau** brevetable dans un rouge qui se confond avec cette substance malgré quelques différences de nuances dans la couleur. Mais un brevet peut être valablement pris pour un procédé nouveau consistant dans l'emploi de la *toluidine* au lieu de l'aniline pour produire la matière colorante rouge. (La toluidine commerciale contient 30 pour 100 de toluidine pure environ, tandis que l'aniline commerciale en contient moins de 16 pour 100.)

(Lyon, 17 nov. 1868. — Coupier c. Franc. *Annales*, 69, 123.)

263. — Est valable le brevet pris pour un évaporateur destiné à la *fabrication des acides citrique et tartrique*, dans lequel les anciens appareils en cuivre ou en fonte sont remplacés par un appareil entièrement en plomb et de forme sphéroïdale.

> (Lyon; 24 déc. 1868, Cass. 22 nov. 1869. — Mulaton *c.* Bouvier. *Annales*, 69, 395).

264. — Les sulfates de soude étant employés pour *dé-colorer les jus de canne, maïs et sorgho* et pour empêcher leur fermentation, il faut voir une **application nouvelle** brevetable dans le fait d'employer des corps neutres, des sulfates et spécialement du sulfate neutre de soude, pour la défécation des jus.

> (Cass., 8 janvier 1869. — Périer, Possoz et Cail *c.* Lapierre de Mélinville. *Annales*, 69, 12).

265. — L'idée de substituer l'air chaud à l'action directe du feu étant connue, notamment pour faire dessécher et cuire sans huile, sur des grils, les sardines employées comme conserves alimentaires, il faut voir une **application nouvelle** et brevetable de cette idée dans le fait de l'utiliser pour mettre les liquides en ébullition et particulièrement les huiles destinées à *préparer les conserves ali-mentaires.*

> (Trib. corr. Sables d'Olonne, 8 juin 1870. — Gentil *c.* Tertrais-Ballereau. *Annales*, 72, 209).

266. — Est nul comme ayant pour objet un remède ou **composition pharmaceutique**, le brevet pris pour un procédé consistant à dégager l'huile de la *farine de mou-tarde* et à appliquer ensuite la poudre sur un linge ou du papier disposé pour la recevoir.

> (Lyon, 28 juin 1870. — Rigollot *c.* Lemay. *Annales*, 70-71, 321).

267. — Est valable le brevet pris pour l'idée d'introduire dans le corps humain des *médicaments à l'état pâteux* au moyen d'un tube compresseur et d'une canule, organes connus, mais dont il est fait ainsi une application nouvelle.

(Lyon, 9 juin 1874, Cass. 29 juin 1875. — Paillasson et Simon *c.* Jacquet. *Annales,* 75, 413).

268. — Est brevetable un procédé nouveau de *décoloration du blanc de zinc* par l'emploi des sulfures alcalins et terreux.

(Paris, 21 juillet 1874. — Aubé *c.* Sté de la Vieille-Montagne. *Annales,* 77, 283).

269. — Les fosses, fours verticaux, horizontaux ou à réverbère étant employés pour obtenir l'*incinération des varechs et goëmons*, est néanmoins valable le brevet pris pour un appareil composé de barres de fer attachées en couronnes de manière à construire un cône à large base, chaque barre étant reliée à sa voisine par de fortes chaînes à crampon ; — et d'une grille disposée sur une plaque de fonte ou de tôle dans l'intérieur de l'appareil ; — ou même d'une simple grille débarrassée du cône qui la surmonte.

Mais le breveté ne peut revendiquer l'emploi d'un courant d'air continu dans son appareil, aucuns fours, fourneaux et autres ustensiles destinés à favoriser ou à activer la combustion ne pouvant fonctionner sans accomplir cette condition et sans obéir à cette loi physique.

(Poitiers, 3 déc. 1875, Cass., 16 juin 1876. — Moride *c.* Guillet. *Annales,* 77, 350).

270. — Est valable le brevet pris pour un procédé destiné à *empêcher les bougies de couler* et consistant dans la perforation longitudinale des bougies et l'aménagement de canaux destinés à recueillir et emmagasiner la partie de matière non utilisée par l'alimentation de la mèche. — On ne saurait voir une antériorité à ce système dans

un évidement extérieur des bougies, en vue du même résultat.

(Trib. corr. St-Quentin, 6 janvier 1876. — Urbain c. Robert.
Annales, 78, 81. — Trib. corr. Agen, 13 mars 1883. — Urbain c. Col. Annales, 83, 105).

271. — Bien que la propriété des silicates de se durcir
à l'air soit connue et que les chimistes aient indiqué dans
des ouvrages scientifiques, la possibilité d'utiliser cette
propriété pour différents emplois et notamment pour le
lutage d'un appareil de chimie, il y a néanmoins **application nouvelle** brevetable dans le fait de composer une
*pâte à base de silicate destinée à boucher à froid les bouteil-
les,* flacons et autres récipients, alors qu'il est établi que
cet emploi spécial n'avait pas encore été fait.

(Dijon, 31 juillet 1888. — Jacob c. Fruchart. Annales, 78, 334).

272. — Est nul le brevet pris pour un système d'*étui
en papier destiné à envelopper les bougies,* dans lequel le
fond est formé du même morceau que le corps même,
sans coupure et ajouture, au moyen d'un simple pliage
au bout de l'étui lui-même, suivant des conditions déterminées, et d'un collage à la colle ordinaire des quatre
pans repliés. On ne saurait voir une invention brevetable
dans la **substitution** du papier au carton employé antérieurement pour le même objet et avec le même résultat.

(Cass., 5 nov. 1878. — Gourdiat c. Péquet. Annales, 80, 145).

273. — L'emploi des *monosulfures phosphorescents* réduits en poudre et mélangés à un vernis, en vue de faire
des peintures lumineuses la nuit sur tous les corps solides,
étant connu, il n'y a pas invention brevetable dans le fait
d'employer la même substance, dans les mêmes conditions, pour rendre lumineux les cadrans d'horlogerie et
les plaques des rues.

Il en est ainsi alors même que le breveté obtiendrait de meilleurs résultats qu'autrefois, grâce à la supériorité actuelle du produit chimique, circonstance à laquelle il est étranger et dont il ne peut prétendre s'approprier les effets.

> (Trib. civ. Seine, 2 août 1881. — Peiffer *c.* Mathey. *Annales*, 82, 71. — Paris, 29 nov. 1882. — Nemitz *c.* Mathey. *Annales*, 80, 339).

274. — Il y a **application nouvelle** dans le fait d'utiliser un monte-jus (pour la *fabrication du sucre de betteraves*), comme agent de pression, en l'associant à un filtre-presse alors qu'auparavant il n'avait jamais été employé que comme machine élévatrice.

> (Paris, 17 fév. 1883. — Lecointe et Villette *c.* Perier Rœttger et Cie. *Annales*, 84, 109).

275. — L'application de la forme d'un obus à *un bonbon* ne constitue pas une invention brevetable, mais un **modèle de fabrique** protégé par la loi du 18 mars 1806.

> (Nancy, 26 mai 1883. — Braquier-Simon *c.* Meunier-Cabrillac. *Annales*, 83, 279).

276. — Est valable comme constituant une **application nouvelle**, le brevet pris pour un procédé d'*extraction des parfums des fleurs* reposant sur la combinaison de moyens physiques connus (le vide et le froid), et permettant d'obtenir sans distillation ni échauffement un parfum naturel d'une grande finesse et d'une supériorité marquée.

> (Cass., 2 juin 1883. — Schneider et Naudin *c.* Massignon. *Annales*, 83, 260).

277. — Est brevetable une préparation consistant en un mélange, en proportions inégales de sels de soude, de résine et d'une matière mucilagineuse additionnée d'oléine, alors que ce mélange permet d'obtenir, sous la forme solide, un produit nouveau dit *Lessive Phénix*, donnant des résultats industriels.

> (Paris, 8 juillet 1885. — Société La Lessive Phénix *c.* Lemaitre. *Annales*, 88, 65).

278. — Est valable comme constituant une **application nouvelle** de moyens connus, le brevet pris pour l'application à l'industrie de la *charcuterie* d'un appareil composé de tubes en caoutchouc conduisant l'air et le gaz dans un chalumeau unique dit « chalumeau du plombier ».

> (Rouen, 16 février 1887. — Vaugondy et Cie *c.* Duverdré. *Annales*, 87, 18).

279. — Constitue un simple **tour de main** non brevetable l'emploi de plaques cannelées dans la fabrication d'une pâte charbonneuse plastique servant à produire et à employer *l'électricité*, plaques qui ont pour but d'éviter que les baguettes de pâte ne se courbent lorsqu'elles sortent encore molles de la filière.

> (Paris, 10 mars 1888. — Carré *c.* Napoli. *Annales*, 89, 46).

280. — Etant donné que les *couleurs azoïques* sont connues et que la solidité est une de leurs qualités naturelles, il n'y a pas invention à en recommander l'application pour le cas particulier où des fils de coton teints avec ces couleurs sont associés avec des fils de laine grasse pour faire un tissu destiné lui-même à être teint en pièce, alors que cette application n'exigeant aucune mise en œuvre nouvelle, ne suppose chez le breveté aucun effort de science ou de génie inventif.

> (C. Douai, 14 janv. 1890. — Roussel *c.* Hannart. *Annales*, 90, 199).

281. — *Le ballon en celluloïd* fabriqué suivant des procédés employés déjà pour la fabrication de boules en même matière n'est pas brevetable.

> (Paris, 29 juillet 1891.— Bensinger *c.* Boissaye. *Annales*, 92, 47).

282. — La simple *mise en plaques de la matière soudante* sans support, étant connue, on ne peut faire breveter l'emploi de ces plaques par apposition prolongée sur les parties à souder, sous prétexte que, jusque-là, on coupait la plaque par petits morceaux que l'on promenait sur les parties à souder ; il n'y aurait qu'un **emploi plus intelligent d'un moyen connu**, lequel ne conduisant pas à un résultat différent, c'est-à-dire autre que le soudage des métaux, ne saurait être brevetable.

(Agen, 20 avril 1893.— Laffite *c*. Delmas. *Annales*, 93, 164).

283. — Constitue un **produit industriel nouveau** la *dynamite gomme* qui est produite par la conversion de la nitro-glycérine en une substance visqueuse, gommeuse ou pâteuse.

(Paris, 18 fév. 1892 et Cass., 10 fév. 1893. — Société générale de dynamite *c*. Varinot et autre. *Annales*, 93, 53).

XV. — ÉCLAIRAGE ET CHAUFFAGE

Lampes et allumettes. — Gaz. — Combustibles et appareils de chauffage.

284. — Le fait que la science ait déjà indiqué le moyen de revivifier, par l'absorption de l'oxygène de l'air, le peroxyde de fer passé à l'état de sulfure, ne fait pas obstacle à ce qu'un brevet soit pris pour l'utilisation industrielle de cette loi naturelle en vue d'obtenir l'*épuration du gaz éclairant*.

(Paris, 20 janv. 1855. — Laming. Le Droit, n° 23 et Cass., 4 mai 1855. Bull. crim., 55, 266 et Annales, 55, 13).

285. — L'emploi du sulfate de chaux pour l'*épuration des gaz* étant connu, il faut voir néanmoins une invention brevetable dans le fait de préparer et d'appliquer le sulfate de chaux, en vue de ce résultat, suivant une certaine formule (réduction de la matière en poudre mélangée de sciure de bois et, au besoin, de gros sable pour empêcher l'agglomération des molécules, dans une proportion égale à son volume ; addition d'eau acidulée, afin de neutraliser les matières inertes qui adhèrent aux vieux plâtres, notamment les débris de moellons).

(Paris, 15 avril et 30 mai 1856. — Laming c. de Cavaillon. Annales, 56, 184.)

286. — L'idée de la création d'un *charbon artificiel* étant dans le domaine public, est valable le brevet pris pour une série d'opérations ayant pour but la production d'un charbon refait, brûlant sans flamme et sans fumée : pulvérisation de la matière première (détritus de charbon, tan ou substances ligneuses préalablement carbonisées) ; mélange de ces matières avec le goudron employé comme agent agglutinateur ; moulage et carbonisation définitive en vase clos, des matières dont la forme est caractérisée et qui se trouvent chauffées par le gaz s'échappant du mélange lui-même.

(Paris, 10 juill. 1856 et Cass., 12 déc. 1856.— Raspail c. Popelin Ducarre. *Annales*, 57, 101).

287. — Est brevetable, comme application nouvelle de moyens connus, un procédé pour découvrir les *fuites du gaz*, consistant à refouler dans les conduits fermés une certaine quantité d'air à l'aide d'une pompe foulante et à soumettre ainsi ces tubes à une pression supérieure à celle de l'atmosphère, en même temps qu'un manomètre indique le degré de pression. Il en est ainsi alors même que l'air comprimé, soit par des soufflets à double soupape, soit par la pompe foulante, avec ou sans manomètre, aurait été employé auparavant, pour essayer et éprouver la solidité ou la bonne confection des tuyaux et des canalisations servant à la distribution et la conduite des gaz d'éclairage.

(Paris, 20 déc. 1856. — Maccaud c. Nicoll. *Annales*, 57, 159).

288. — Constitue une invention brevetable un système de *lanterne phare* qui, grâce à certaines dispositions, produit le grossissement de la lumière, en augmente la projection et la met à l'abri des effets de la violence du vent. Un dépôt au secrétariat du conseil des prudhommes ne saurait donc protéger cette lanterne qui rentre dans la catégorie des objets brevetables.

(Cass., 10 mai 1858. — Schwob c. Chrétien. *Annales*, 58, 133).

289. — Est valable le brevet pris pour des *fagots*, boules et boulettes inflammables, composées de copeaux de liège enduits de résine.

(Paris, 18 nov. 1859. — Blondel et Cie c. Judas. *Annales*, 59, 349).

290. — Constitue un **produit nouveau** brevetable, un charbon, dit *charbon de Paris*, présentant sur les autres charbons artificiels les avantages de brûler sans flamme, sans odeur, sans fumée et sans dégagement de gaz. Est également brevetable l'ensemble des procédés, la série d'opérations mises en œuvre pour obtenir ce produit, notamment l'application à l'industrie des charbons artificiels, de la carbonisation en vases clos, avec utilisateur des gaz qui se dégagent des matières carbonisées.

(Cass., 2 déc. 1859 et Rouen, 1er mars 1860.— Popelin-Ducarre c. Bard. *Annales*, 60, 120).

291. — Le frottement des *allumettes* sur un corps solide, sec, plus ou moins rugueux pour déterminer leur inflammation étant connu, il faut voir un simple **changement de matière** non brevetable dans le fait d'employer pour cet usage des plaques en pâte de porcelaine rugueuse et cannelée.

(Trib. corr. Seine, 10 juil. 1860. — Manchon c. Girardin. *Prop. ind.*, 22 novembre 1860).

292. — Bien que l'idée d'arriver à une *combustion de la fumée* dans les fourneaux de machines à vapeur et autres par la pénétration de l'air soit connue, il faut voir néanmoins une invention brevetable dans le fait de réaliser industriellement la même idée au moyen d'une combinaison nouvelle (charge ascendante disposée au-dessous du combustible et appel d'air au moyen d'auges à grilles verticales juxtaposées longitudinalement et évasées graduellement dans leur partie supérieure).

(Paris, 7 fév. 1862.— Dumrey c. Vuitten, *Annales*, 62, 249).

293. — L'idée que la *vapeur surchauffée*, projetée dans un haut-fourneau, peut *prévenir la fumée*, étant connue, il y a néanmoins invention brevetable dans le fait d'imaginer, pour obtenir ce résultat, un appareil consistant dans un système de tubes placés dans le foyer même, mais garantis de l'action immédiate du feu par une enveloppe en briques de terre réfractaire, tubes dans lesquels la vapeur passe en se surchauffant et est amenée à un point d'où, se projetant en petits jets sur le foyer, elle complète ou au moins accroît considérablement la combustion, et s'oppose ainsi, en tout ou en partie, à la production de la fumée.

> (Paris, 2 mars 1864. — Thierry *c.* Van den Ouwelant. *Annales*, 64, 181).

294. — A supposer que la forme cylindro-conique des *verres à gaz* soit brevetable, elle ne peut être revendiquée lorsqu'elle a fait l'objet d'une simple indication insérée à l'improviste au milieu d'une très longue et très minutieuse description sur les becs de gaz, et que le breveté n'a même pas songé aux avantages qu'il lui a plus tard attribués au moment du procès.

> (Paris, 2 juin 1864. — Monnier *c.* Maître. *Annales*, 67, 91).

295. — Bien que la propriété du pyrophore soit connue, son utilisation pour un système de *briquet pyrophorique* dit *brûle-toujours* constitue une **application nouvelle** brevetable.

> (Trib. corr. Seine, 11 déc. 1866. — D. Changy *c.* Prudhomme. *Annales*, 67, 31).

296. — Est valable le brevet pris pour un appareil qui consiste à modifier l'intérieur des *foyers de cheminées* en leur donnant une forme sphéroïdale concave, de manière à concentrer le calorique et à le faire rayonner le plus possible dans l'appartement, en l'empêchant de s'échapper par la cheminée.

(Lyon, 25 juin 1868. — Roux *c*. Gautier. Le Hir, 68, 2, 549).

297. — Est valable le brevet pris pour un *abat-jour* dont la partie supérieure est formée d'une couronne de mica, substance incombustible dont l'effet est d'isoler de la chaleur le papier qui forme l'abat-jour et se rattache à la couronne de mica. On ne saurait considérer comme antériorité : ni un système d'abat-jour reposant sur une carcasse à l'intérieur de laquelle est placée une partie en mica avec un espace libre entre elle et la carcasse ; ni un abat-jour en papier revêtu complètement de mica à l'intérieur et à l'extérieur.

(Paris, 31 juil. 1874. — Teschen et Maugue (Brevet Maurel)
c. Plazolles. *Annales*, 75, 139).

298. — Il n'y a pas invention brevetable dans le fait d'appliquer à des *tuyaux de séchage* un genre de support mobile, permettant de les diriger en tous sens, alors qu'il est constant que ce genre de support existait auparavant dans le domaine public et y était employé en vue d'imprimer aux objets auxquels il était appliqué toutes les directions possibles ; le **changement d'objet**, en ce cas, ne produisant pas de changement dans le résultat.

(Paris, 20 déc. 1882. — Société des Brevets réunis *c*. Poupardin.
Annales, 83, 52).

299. — Le domaine public étant en possession : 1° d'un réflecteur (pour *abat-jour*) en métal blanc et poli, portant plusieurs gradins parallèlement à la base du cône ; 2° d'une petite pièce dite cône de recouvrement superposé au réflecteur et se reliant à d'autres organes dont l'ensemble forme avec les précédents un support d'abat-jour avec réflecteur ; — la jonction et la *combinaison* du réflecteur et du cône de recouvrement ne saurait constituer une invention brevetable.

(Paris, 24 juill. 1884. — Gérard-Mang *c.* Kahn. *Annales*, 85, 81).

300. — Est valable le brevet pris pour une *lampe* présentant une **forme** spéciale lorsque cette forme tient essentiellement au but que la lampe est appelée à remplir. (La lampe se composait d'un réservoir auquel s'adaptait un tube horizontal relevé à son extrémité pour recevoir le bec ; le réservoir susceptible de pivoter sur lui-même, permettait, sans déplacer la lampe, de modifier à volonté la position du bec et toujours dans un plan horizontal.)

(Paris, 2 nov. 1885. et Cass., 17 avril 1886. — Desprin *c.* Huga. *Annales*, 88, 44).

301. — Constitue une application nouvelle de moyens connus le fait d'employer, comme *appareil de chauffage* permettant d'utiliser toutes les espèces de combustibles, un foyer à étages qui servait auparavant à brûler de la pyrite et à dégager l'acide sulfureux de ce minerai.

(Trib. civ. Rouen, 28 fév. 1889. — Michel Perret *c.* Défossé. *Annales*, 90, 206).

XVI. — HABILLEMENT

Mercerie, ganterie, lingerie, fleurs et plumes. — Parapluies, cannes, éventails.
Vêtements, chapellerie. — Chaussures.

302. — Est valable le brevet pris pour la substitution aux *bourrelets* matelassés et dangereux pour les enfants, dont ils excitaient continuellement la respiration, de bourrelets légers et à jour qui, en facilitant la circulation de l'air autour de la tête, préservent aussi les enfants du danger des chutes et des chocs.

> (Trib. corr. Seine, 10 avril 1829. — Fannier, cité par M. Huard sur l'art. 2, n° 96, et par M. Pouillet, n° 70).

303. — Est nul le brevet pris pour la *coupe économique d'un vêtement*, qui ne dépend que de l'adresse et de calculs à la portée de tout le monde.

> (Cass., 21 avril 1840. — Heints *c.* Thadomme. J. P. t. 2, 1840, p. 388).

304. — L'emploi du découpoir pour la *fabrication des éventails* étant connu, il n'y a pas invention brevetable dans le fait d'appliquer cet instrument au découpage du bois destiné à la confection des montants ou brins d'éventails, procédé qui permet, au moyen d'une seule pression, de faire tomber le brin tout découpé et d'une grande régularité.

> (Cass., 11 juill. 1846. — Duvelleroy *c.* Aubert. Dalloz, 46, I, 287).

305. — Sont brevetables, comme **produit nouveau,** *des*

fleurs artificielles à teinte dégradée, obtenues par la fixation, à l'aide de bains successifs, d'un mélange de couleurs non solubles : le cobalt, la cendre bleue et l'outre-mer. Est également brevetable, comme procédé, un mode de trempage, fixation, pressage et séchage, employé pour l'application des couleurs non solubles mentionnées plus haut.

(Paris, 10 janv. 1857. — Florimont *c.* Jouve Delorme et autres. *Annales*, 57, 16).

306. — Est brevetable un appareil dit *carcasse indépendante*, destiné à faire bouffer les robes, composé de cercles en matières flexibles et rigides (notamment des ressorts d'acier) reliés verticalement par des rubans ; appareil à jour et indépendant de tout jupon, extensible à volonté au moyen de coulisseaux et agrafes reliant chacun des cercles à l'endroit où leurs branches s'entrecroisent. On ne saurait voir une antériorité dans les paniers ou vertugadins employés jadis et ne réunissant pas les caractères de flexibilité, d'extensibilité et d'indépendance qui se rencontrent dans l'appareil breveté.

(Paris, 30 mai 1857. — Milliet *c.* Goujet et autres. *Annales*, 57, 187).

307. — Est brevetable un appareil de toilette, dit *tournure*, consistant en la réunion de lames d'acier recouvertes de coton mèche, formant par leur agencement un ensemble de bouffants étagés et élastiques, maintenus par des galons de fil de coton, et s'adaptant à la taille au moyen d'une ceinture fermée par des agrafes.

(Trib. corr. Seine, 1er juil. 1857. — Brun *c.* Canoy et autres. *Annales*, 57, 192).

308. — Est valable le brevet pris pour un système de *fermoir applicable aux gants* composé de deux organes métalliques entrant l'un dans l'autre (une plaque garnie de deux boutons ou crochets, et une calotte ou cavité ob-

tenue par emboutissage et garnie d'un rebord extérieur).
Il importe peu que ces deux organes soient tombés dans le
domaine public, l'invention brevetable consistant dans
leur combinaison nouvelle.

(Paris, 21 nov. 1857.— Doyon c. Delauzanne. Annales, 58, 208).

309. — Est brevetable un système de *tiges de brode-
quins* en un seul morceau et à patelettes cintrées au moyen
du cambrage.

(Trib. corr. Seine, 29 déc. 1857. — Pannelier c. Metayer. Prop.
ind., 14 janv. 1858).

310. — Est nul le brevet pris pour un système de *bouton* dont le caractère distinctif est de ne présenter qu'un
seul voyant et de réunir les deux parties du vêtement
auquel on l'applique, au moyen de deux parties ou sous-
boutons entrant dans les boutonnières ou œillets — alors
que des boutons semblables se trouvent dans des musées
d'antiquité. L'application de ce bouton au rapprochement
des deux extrémités d'une manchette de chemise, ne saurait donner à ce produit un caractère sérieux de nouveauté, lorsqu'il est, dans la spécification du brevet, énoncé
que le bouton dont il s'agit, bien que qualifié bouton de
manchettes, peut être aussi avantageusement employé pour
garniture de robes, broches, agrafes de corsages, etc., etc.

(Paris, 17 juil. 1858.— Rouzé c. Murat, Annales, 59, 86).

311. — Un brevet ayant été pris pour un appareil (dit
carcasse indépendante) destiné à faire bouffer les robes et
composé de cercles flexibles, tels que des ressorts d'acier,
reliés verticalement entre eux par des rubans, est valable
le certificat d'addition pris pour la substitution aux rubans d'un filet ou réseau continu.

(Paris, 24 déc. 1858 et Cass., 14 avril 1859. — Milliet c. Stolz.
Annales, 69, 161).

312. — On ne saurait voir une **application nouvelle**

dans le fait d'adapter aux *jupes de robes* un appareil employé auparavant pour les jupons, et servant à les relever au moyen de cordes ou cordons se rattachant à la ceinture par une extrémité libre qui peut graduellement être tirée suivant les besoins.

(Paris, 22 nov. 1859. — Bienhar c. Simon. *Prop. ind.*, 22 déc. 1859).

313. — Constitue un **produit nouveau** brevetable, un tissu spécialement propre à la confection des *devants de chemise* et présentant les caractères suivants : plis doubles, toiles fermées des deux côtés, piqués en arrière, point d'un seul côté et garnis d'un bourré faisant corps avec le tissu. Il en est ainsi alors même que la fabrication de ce tissu serait exécutée par les moyens ordinaires et connus du tisserand.

(Paris, 6 déc. 1859. — Duanton c. Levant. *Annales*, 61, 404).

314. — Est valable le brevet pris pour un perfectionnement des *boutons en corne*, par l'emploi d'une matrice particulière en acier. Est également valable comme se rattachant au brevet, un certificat d'addition pris tout à la fois pour un perfectionnement de la matrice et pour un procédé de coloration du bouton.

(Paris, 23 fév. 1860 et Cass., 22 juin 1860. — Stichter c. Juhel. *Annales*, 60, 269).

315. — Il n'y a pas d'invention brevetable dans le fait de substituer dans les *chaussures*, aux vis à bois ordinaires des hélices qui ne sont que des vis sans tête.

(Paris, 6 mars 1860. — Dupuis c. Sellier. *Annales*, 60, 263).

316. — Est valable le brevet pris pour un nouveau mode de *fabrication de feuillage, fleurs et fruits artificiels,* consistant dans l'interposition d'une feuille mince, d'une substance plastique, flexible, élastique et résistante entre deux tissus ou deux feuilles de papier, agencement dont le but principal est de donner à l'ensemble du produit plus de souplesse, ainsi que plus de finesse aux empreintes qu'il peut recevoir.

> (Trib. corr. Seine, 13 mai 1863. — Favier c. Massieux. *Annales*, 64, 248).

317. — Est valable le brevet pris pour un procédé mécanique donnant du même coup aux *chapeaux de paille* la forme et le poli qu'ils doivent avoir, alors qu'auparavant l'apprêt et le repassage des chapeaux de paille ne se faisaient qu'à la main.

> (Cass., 5 juin 1863. — Boizard c. Mathias. *Annales*, 63, 237).

318. — Bien que la forme elliptique fût connue dans l'industrie de la chapellerie, l'application **nouvelle** de cette forme à des *bourrelets d'enfants* a pu faire l'objet d'un brevet valable, alors qu'il est constaté que le nouveau bourrelet est mieux adapté à la configuration de la tête de l'enfant, qu'il en suit mieux les contours, le fatigue moins et le protège plus efficacement que les bourrelets ordinaires.

> (Aix, 11 nov. 1863. Cass., 14 mars 1865. — Gobin c. Marfaing. *Annales*, 65, 325) (1).

319. — L'idée d'imiter les plumes naturelles et notamment les *plumes d'autruche* étant connue et pratiquée dans l'industrie, ce n'est pas créer un **produit nouveau** brevetable que d'arriver à une invention plus parfaite, au moyen des mêmes procédés de fabrication, et seulement par l'effet d'une **main-d'œuvre plus intelligente** et plus habile.

> (Paris, 9 juin 1864. — Aubert c. Picard. *Annales*, 64, 244).

320. — Est valable, comme constituant une **application nouvelle** de moyens connus, le brevet pris pour l'emploi

---

(1) Un arrêt de la Cour de Paris du 15 juin 1865 a déclaré nul le brevet Gobin (V. *Annales*, 65, 330).

de tubes en bois ou en métal, ou tout autre corps résistant en masse compacte (le liège par exemple) destinés à recevoir les épingles qui maintiennent sur les *têtes de carton servant aux modistes*, l'objet à confectionner. On ne saurait voir une antériorité, ni dans les petites têtes de poupée d'enfant en porcelaine, dont les sommets sont garnis de liège, ni dans les têtes garnies de peaux, employées par les modistes, mais n'ayant pas la solidité et la durée de la masse compacte revendiquée dans le brevet.

(Paris, 24 mai 1865. — Nicolle *c.* Daujard. *Annales*, 65, 433).

321. — Est brevetable, comme **produit nouveau**, un *filet* ou *résille en cheveux*, offrant sur les filets en soie antérieurement connus, l'avantage d'offrir une élasticité particulière qui dispense d'employer un lien en caoutchouc ; de subir l'action des corps gras de la même manière que les cheveux eux-mêmes qu'il est destiné à envelopper ; enfin d'être plus complètement et plus constamment invisible.

(Paris, 10 juin 1865. — Gillot *c.* Girard. *Annales*, 65, 311).

322. — Est valable le brevet pris pour un nouveau système d'*éperon* présentant les avantages suivants : conservation du contrefort, débarrassé de l'éperon qui demeure fixé au talon ; solidité de fixation au moyen d'un nouveau mode d'attache. Il importe peu que les différents organes employés pour obtenir cet agencement soient connus, le brevet portant sur leur **combinaison nouvelle**.

(Colmar, 10 janv. 1866. — Imbs *c.* Varin. *Annales*, 66, 70).

323. — Est brevetable comme constituant un **produit nouveau**, l'idée de fermer (par une capsule à vis fermée ou sortie, goupille à bouton ou simple vis), le tube *des peignes à dos métalliques*, ouvert jusque-là aux deux extrémités ; disposition qui donne aux peignes une solidité qu'ils n'avaient pas auparavant.

(Rouen, 28 mars 1866. — Noé c. Maillard. Dalloz, 68, I, 424).

324. — Il n'y a pas d'invention brevetable dans le fait de mettre sur une forme, après les avoir trempés dans l'eau, les bandes et fonds de papier destinés à faire des *carcasses de casquettes*, de les ajuster par la simple pression des mains et de les coller ensemble avec de l'empois, au lieu de les coudre, comme cela se pratiquait antérieurement.

(Paris, 19 mai 1836. — Lavigne c. Lévy. *Annales*, 66, 228).

325. — Est brevetable, comme constituant un produit **nouveau**, un genre de *plumes de parure* qui consiste à détacher l'épiderme des dos de toutes espèces de plumes naturelles et à le teindre en toutes couleurs pour être employé à l'ornement des coiffures, parures, fleurs, broderies, passementeries et tissus.

(Paris, 16 juin 1866. — Bardin c. Gobert. *Annales*, 66, 380).

326. — L'emploi de tissus cirés, vernis ou amidonnés pour la *fabrication des fleurs artificielles* étant connu depuis longtemps, il n'y a point application nouvelle brevetable mais simplement **emploi nouveau**, dans le fait d'employer, pour la même fabrication, la toile à décalquer, encore bien qu'on obtienne ainsi des fleurs plus transparentes, plus légères et plus vraies.

(Paris, 30 juill. 1866. — Kanuna c. Jarey. *Annales*, 67, 88).

327. — Est valable, comme portant sur un **produit nouveau**, le brevet pris pour l'application de la toile métallique à la confection des *fleurs artificielles*. On ne saurait considérer comme antériorités : ni les bijoux de Berlin qui se confectionnent à l'aide de fils contournés sans tissage ;

ni les fleurs qui se bordent d'un fil soudé au fur et à mesure de la fabrication.

(Paris, 31 juill. 1866. Cass., 7 avr. 1868.— Sayssel *c.* Villardin. *Annales*, 68, 273).

328. — Est valable le brevet pris pour un tissu métallique destiné à une production permanente d'électricité sur les parties malades du corps humain (*flanelle de santé métallo-volta-électrique*), composé de fils en cuivre et zinc disposés alternativement en couples voltaïques et susceptibles d'être légèrement humectés d'eau acidulée. Un pareil tissu ne constitue pas en lui-même la **composition pharmaceutique** ou le remède quelconque qui, d'après la loi de 1844, ne sont pas brevetables.

(Paris, 23 août 1856. — Courant *c.* Deshayes. *Annales*, 67, 337).

329. — Est nul le brevet pris pour une garniture en étoffe (*voile couvre-nuque*) applicable aux coiffures d'hommes et de femmes, et s'y adaptant au moyen d'une ganse élastique, d'un ruban de boutons ou d'agrafes. On ne saurait voir une invention brevetable dans le fait d'avoir disposé, pour abriter le derrière de la tête, le voile anciennement connu et destiné à protéger la figure. Il importe peu que la garniture brevetée se compose de plusieurs morceaux qui, à raison de leur coupe et de leur assemblage, s'adaptent plus commodément, plus élégamment à la forme de la coiffure et au mouvement du cou et des épaules, ce **changement de forme** et de proportions, tout en réalisant un avantage, ne produisant pas ce que la loi a entendu par un résultat industriel brevetable.

(Paris, 18 déc. 1866. — Bongers *c.* Bandelier. *Annales*, 67, 45).

330. — Est valable le brevet pris pour un perfectionnement apporté à la *machine à lustrer les chapeaux*, qui consiste dans un agencement particulier de la poulie motrice par rapport au palier supportant les coussinets entre lesquels tournent les tourillons du cylindre de la machine, agencement dont le but est d'empêcher l'huile de ces coussinets de tacher les poils destinés à la fabrication des chapeaux.

(Paris, 19 fév. 1867, Cass., 24 janv. 1868. — Coq *c.* Lambert. *Annales*, 68, 37).

331. — Bien que des ouvrages scientifiques ou industriels aient indiqué le moyen de donner un degré de blancheur plus grande à des plumes naturellement blanches et de faire disparaître certaines taches accidentelles qui peuvent se présenter, il y a néanmoins invention brevetable dans le fait de *blanchir les plumes* naturellement grises ou noires pour leur donner ensuite toutes les nuances possibles au moyen de la teinture : l'inventeur du procédé dote l'industrie d'un produit essentiellement **nouveau**.

(Paris, 13 avr. 1868. — Vial et Duflot *c.* Caillau. *Annales*, 68, 132.— Id. Paris, 7 janv. 1869. *Annales*, 69, 148. — Paris, 12 fév. 1870 et Cass., 27 janv. 1872. *Annales*, 72, 277.)

332. — La fermeture des *cols-cravates* à *pression perpétuelle* étant connue, on ne saurait voir une invention brevetable dans le fait d'obtenir ce résultat, sans avantage sérieux et appréciable sur les systèmes du domaine public, par la combinaison de moyens connus : un châssis ; une plaque formant bascule ; un ressort agencé, de manière à opérer une pression assez forte pour retenir le bout de la cravate ; un bouton qui facilite le jeu de la bascule.

(Paris, 12 juin 1869, Cass., 1er avril 1870. — Hayem *c.* Voisin. *Annales*, 70-71, 110.)

333. — Est nul le brevet pris pour l'application à la *fermeture des gants,* de procédés déjà employés pour fixer les jarretières (agrafe à tirette consistant en deux pièces de métal distinctes, l'une saillante, l'autre rentrante, celle-ci plus ou moins évidée, destinée à recevoir et à retenir la première en forme de crochet).

(Grenoble, 3 août 1872. — Train et Cie (brevet Rouillon) c. Bollard. *Annales*, 73, 207.)

334. — Est valable le brevet pris pour une *machine à fil sans fin pour visser les cuirs de chaussure*, composée d'organes connus, mais dont le mécanisme simplifié la rend d'une application plus facile et d'un prix moins élevé.

(Paris, 27 mars 1873, Cass., 5 déc. 1873. — Cabourg c. Mayer. *Annales*, 74, 95).

335. — Ne constitue une invention brevetable, ni la **substitution** de la tôle douce au cuivre précédemment employé pour les bouts des *chaussures*, ni la substitution d'une rainure aux trous comme mode d'attache pour les chaussures cousues.

(Paris, 10 juin 1875, Cass., 24 déc. 1875. — Dame Mac-Nish c. Vari. *Annales*, 76, 298).

336. — L'idée de rendre mobiles les patins de *boutons de manchettes* de manière à les faire basculer pour faciliter leur pénétration dans la manchette, étant connue, on ne saurait voir une invention brevetable dans le fait d'ajouter un second rivet à celui qui, dans les systèmes antérieurs, servait à assujettir les doubles plaques du patin ; une pareille adjonction ne produisant aucun avantage appréciable.

(Paris, 31 mai 1877. — Sèches c. Boussard. *Annales*, 78, 259).

337. — L'emploi du caoutchouc et l'usage de l'emporte-pièce étant connus dans l'industrie des *fleurs et feuillages artificiels*, on ne saurait voir une invention brevetable dans l'idée de découper simultanément à l'emporte-pièce, deux feuilles de caoutchouc superposées qui se trouvent ainsi soudées par leurs bords seulement, de telle sorte qu'en les soulevant au moyen d'une épingle ou de toute

autre manière, l'air s'y introduit et forme une feuille gon-
flée ou ballonnée, imitant exactement l'effet des plantes
grasses ou marines. Il y a là un **phénomène entièrement
naturel** qui ne peut faire l'objet d'un droit privatif.

(Paris, 11 août 1877. — Ballin c. Breviaire. Annales, 78, 87).

338. — Bien qu'il ait été fait depuis longtemps usage
dans l'industrie des *parapluies* soit de fourchettes plus
courtes que les branches, soit de fourchettes affectant une
position horizontale à l'ouverture, celui-là néanmoins fait
une **combinaison** brevetable de ces deux moyens, qui les
réunit pour la première fois dans le but de réaliser l'ouverture automatique des parapluies (Les fourchettes étant
plus courtes que les parties correspondantes des branches,
avec lesquelles elles sont articulées au moyen d'un ressort
à rappel concentrique, atteignent par suite la ligne horizontale dans la position d'ouverture, de telle sorte que le
coulant sur lequel elles sont assemblées et dont elles suivent le mouvement, est sollicité à monter par l'action
de résistance de la couverture, dès qu'il a dépassé cette ligne horizontale).

(Paris, 24 janv. 1879. — Charageat c. Bollack. Annales, 80, 133).

339. — Est brevetable une *machine à dresser et à polir
les éventails* composée : 1° d'un cylindre tournant, dont
l'enveloppe souple est recouverte d'un papier de verre ou
d'émeri non adhérent et facilement remplaçable ; 2° d'un
système de levier destiné à opérer mécaniquement la pression graduée de l'objet à polir contre la surface du cylindre.

(Amiens, 18 juil. 1879. — Boitel c. Vaillant. Annales, 80, 333).

340. — Est valable le brevet pris pour un système de
relève-jupe dans lequel une sorte de menotte ou chape en-
veloppant l'articulation des deux branches de l'appareil,

s'ouvre et se ferme sans le secours d'aucun ressort, à l'aide d'un mouvement de bascule, de manière à couvrir ou à découvrir l'articulation et à empêcher ainsi ou à permettre le desserrage des pinces.

(Paris, 10 juil. 1880. — Leroux *c.* Allioud. *Annales*, 81, 221).

341. — L'industrie étant depuis longtemps en possession de *jais ou émaux* de fantaisie fondus sur des tiges métalliques destinées à les fixer sur des bijoux ou objets de toilette, on ne saurait voir une **application nouvelle** brevetable dans le fait d'employer la rivure pour fixer, sur ces mêmes objets de toilette, certains jais ou émaux à facettes que, jusque-là, on se bornait généralement à coller.

(Trib. corr. Seine, 20 juil. 1880.— Weit et Nelson *c.* Chartier. *Annales*, 81, 16).

342. — Est brevetable comme constituant une **combinaison nouvelle** de moyens connus une *machine coupe-boutonnières* qui réalise le percement automatique régulier, prompt et facile des boutonnières avec ou sans œillet, d'une grandeur qu'on peut varier à volonté, à égale distance du bord et à égale distance entre elles, dans les étoffes comme dans le cuir et autres matières.

(Amiens, 16 mars 1882. — Celis *c.* Abriany. *Annales*, 83, 182).

343. — Est brevetable un système de *gaufrage et panachage des fleurs artificielles* spécialement caractérisé par l'emploi d'une règle plate et striée à la surface, comme est une lime, contre laquelle on approche les boutons en préparation (faits en colle de pâte encore malléable) de manière à produire sur eux ces petites stries que présentent les boutons à l'état naturel, et à leur donner des teintes délicates au moyen de couleurs mises sur les arêtes des stries. — Il importe peu que la règle striée soit depuis longtemps connue dans d'autres industries, son transport

dans la fabrication des boutons de fleurs artificielles constituant une **application nouvelle** brevetable.

(Paris, 29 juil. 1882. — Jouvencel c. Guth. *Annales*, 83, 91).

344. — Il n'y a pas invention brevetable dans le fait de
réunir deux morceaux de *baleine de corset* en recouvrant
leurs extrémités mises bout à bout d'un manchon métallique entièrement clos, alors qu'on employait auparavant
en vue du même résultat un fourreau ou recouvrement en
métal ne fermant pas d'une manière complète.

(Paris, 26 déc. 1883. — Dullier c. Robin. *Annales*, 84, 185).

345. — Constitue un **produit industriel** brevetable un
corset pour la confection duquel un tissu de canevas est
substitué aux tissus serrés employés auparavant, disposition qui présente le double avantage d'offrir une élasticité
plus grande et d'éviter le séjour de la transpiration dans
le corset.

(Trib. civ. Lyon, 31 juil. 1883. — Vve Guigne c. Loget. *Annales*,
86, 183).

346. — Est brevetable comme constituant un **produit
nouveau** un *bouton* à patin articulé qui se distingue des
produits similaires du domaine public par des caractères
nouveaux certains et essentiels : 1° fermeture et abaissement des parties par une double articulation, dans les
deux sens indistinctement et dans une égale longueur ;
2° ressort qui régularise la chute et empêche l'articulation
de se produire follement.

(Paris, 8 mai 1885. — Paysan c. Gilly. *Annales*, 86, 46).

347. — Il y a création d'un **produit industriel nouveau**
dans le fait d'enfermer une lamette d'acier dans un tube
ou fourreau d'étoffe, arrêté à ses deux extrémités et présentant une lisière sur ses deux bords qui permet de rat-

tacher ladite lamette par un point de couture au corsage qu'il s'agit de *baleiner*.

(Paris, 6 mai 1885. — Pouillet Chevance *c.* Maloche. *Annales*, 85, 334).

348. — Etant donné que le kaolin était employé pour l'apprêt des tissus, il y a **application nouvelle** et brevetable à employer la même substance pour la *fabrication des chapeaux de paille*, quoiqu'ils soient faits en tissu, alors qu'il est constant d'une part que le kaolin est employé autrement (mêlé à de la colle au lieu d'empois), appliqué, non pas directement sur le tissu, mais sur le tissu déjà apprêté à la façon ordinaire, et d'autre part que l'emploi du kaolin, dans la fabrication spéciale des chapeaux, permet d'obtenir des produits d'une qualité supérieure avec une économie notable dans le prix de revient.

(Paris, 17 mars 1887. — Saulnier *c.* Laurent. *Annales*, 87, 297).

349. — Bien que la lamette d'acier substituée à la *baleine* proprement dite et le tissu à tube ou fourreau pour baleine soient depuis longtemps connus, il faut voir un **produit industriel nouveau** dans une laçure spéciale, toute prête à être fixée au corsage et composée d'une lamette d'acier insérée, sans colle ni adhérence, dans un tube à lisières tissé d'une seule pièce ; ne peuvent être opposées comme antériorité ni une laçure dans laquelle la lamette est collée, ni un tissu composé de tubes juxtaposés et que l'ouvrière ne pouvait employer qu'en isolant chaque tube, y insérant la lamette et le fermant à ses deux extrémités par un œillet métallique ou des points de couture.

(Paris, 13 juil. 1891 et cass. crim., 23 fév. 1892. — Pouillet Chevance *c.* Gobert. *Annales*, 92, 120).

XVII. — ARTS INDUSTRIELS

**Peinture, dessin, gravure et sculpture. — Lithographie
et typographie. — Photographie. — Musique. —
Bijouterie et orfèvrerie.**

350. — Bien que le bain d'or alcalin composé de carbonate de potasse ou de soude combiné avec une dissolution d'or, soit scientifiquement connu, il y a néanmoins
invention brevetable dans le fait de l'appliquer à la *dorure
des métaux* et autres objets.

> (Cass., 15 août 1845. — Elkington c. Bedier. Le Hir, 45,
> 2e partie, p. 15).

351. — Est brevetable un procédé pour la *taille des
pierres* dures consistant en un burin dont la pointe est un
diamant ou carbonate.

> (Paris, 18 juin 1856. — Hermann c. Bigot, Dumaine. *Annales*,
> 56, 297) (1).

352. — Est valable le brevet pris pour un appareil dans
lequel se trouvent réunies et combinées les dispositions
suivantes : 1° Construction d'un fond de *stéréoscope* ouvert
et à double fin, et également propre à la vision des images
opaques et transparentes ; 2° L'application au stéréoscope
des images positives sur corps transparents ; 3° L'application à l'instrument, d'un verre dépoli, servant à masquer

---

(1) Le brevet Hermann a été annulé plus tard par arrêt de la Cour de
Paris du 24 juin 1860 (*Annales*, 60, 316).

la vue des objets extérieurs ; 4° L'emploi de grandes lentilles prismatiques contiguës.

> (Paris, 10 avr. 1858, et Cass., 15 fév. 1859. — Dubosq c. Gaudin. *Annales*, 59, 291) (1).

353. — Est nul le brevet pris pour des *incrustations et reliefs* nouveaux imprimés sur une étampe, de manière à produire des ornements plus élégants et plus gracieux. On ne peut voir là que la création d'une œuvre d'art et de sculpture en relief protégée par la loi du 19 juillet 1793.

> (Metz, 5 mai 1858. — Thonus-Lejay c. Grandry. Dalloz, 58, 2, 174).

354. — Est valable le brevet pris pour un système d'emmaillement des *chaînes bijou*, dans lequel, au lieu d'être soudés deux à deux, comme cela se pratiquait auparavant, les maillons sont placés successivement les uns dans les autres, dos à dos et en sens inverse, de façon à former la chaîne entière sans soudure.

> (Paris, 11 nov. 1859. — Cauzard c. Dobbé. *Annales*, 59, 347).

355. — Le système de brisures à charnières et de fermeture à cliquet étant connu et pratiqué dans la fabrication de la bijouterie, notamment pour les bracelets de toutes grandeurs, il n'y a aucune invention brevetable dans le fait de l'appliquer à des *bagues* destinées à serrer les nœuds de cravate.

> (Paris, 16 déc. 1857. — Cavy c. Murat. *Annales*, 58, 136).

356. — La *photographie microscopique* étant connue, il n'y a pas invention brevetable dans l'idée du microscope bijou, consistant à ne faire qu'un seul et même objet de l'épreuve photographique soumise au microscope et de cet instrument lui-même ; à les faire adhérer l'un à l'autre

---

(1) Le brevet Dubosq a été annulé plus tard pour divulgation par arrêt de la Cour de Paris, du 1er avril 1858 (*Annales*, 59, 237).

par un simple collage et à en réduire à ce point les proportions que le tout puisse être facilement placé dans un bijou.

(Paris, 31 mai 1862. — Dagron *c*. Dautrevaux et autres. *Annales*, 62, 440).

357. — Est brevetable l'application à la *photographie* de fonds veloutés à nuances graduées, placés derrière les personnes qui posent pour mieux faire ressortir les portraits (Résolu implicitement).

(Trib. corr. Seine, 31 déc. 1862. — Capelli *c*. Dubreuil. *Annales*, 63, 214).

358. — Quand un procédé breveté consiste à transporter une *image photographique* sur un papier ou sur un verre pour y produire un véritable cliché, on ne saurait considérer comme se rattachant suffisamment au brevet un **certificat d'addition** pris pour un procédé de décalcage photographique sur un corps opaque, tel que la pierre, dans le but d'y produire une sorte de gravure en creux et relief, dans l'épaisseur d'un vernis impressionnable à la lumière, et de tirer ensuite des exemplaires à la manière des lithographes et des graveurs.

(Trib. corr. Seine, 23 fév. 1864. — Morvan *c*. Marquier. *Annales*, 65, 158).

359. — Bien qu'on ait déjà utilisé la propriété du bichromate alcalin mêlé à la gélatine ou à toute autre matière analogue, de devenir insoluble sous l'action de la lumière, celui-là fait une invention brevetable qui le premier fait servir cette propriété au tirage direct d'*épreuves photographiques* sur papier (On l'avait employée auparavant pour la production de planches métalliques gravées et pour l'obtention de reliefs à recouvrir d'un dépôt métallique à l'aide de procédés galvano-plastiques).

(Paris, 9 fév. 1865. — Poitevin *c*. Fargier. *Annales*, 65, 190).

360. — L'application des procédés connus de la *photographie* à la reproduction de la musique écrite ne constitue ni l'invention de produits industriels, ni l'invention de moyens nouveaux ou l'application nouvelle de moyens connus susceptible d'être brevetée.

> (Trib. corr. Seine, 28 fév. 1865. — Ben Tayoux c. Brandus. *Annales*, 65, 105).

361. — La pression mobile (par leviers) étant depuis longtemps employée dans diverses *machines lithographiques*, il n'y a pas **application nouvelle** à en pourvoir une machine lithographique connue, mais qui jusqu'alors n'avait été utilisée qu'avec la pression fixe (par vis), une substitution de ce genre, avec tous les précédents qui l'indiquaient, ne saurait à elle seule constituer une invention brevetable.

> (Trib. corr. Seine, 16 janv. 1866. — Dupuis ; cité par M. Pouillet, n° 39).

362. — Est brevetable comme constituant une **application nouvelle** un procédé qui consiste à employer un bain chimique composé d'ammoniaque et de cendres bleues, composition déjà connue, pour obtenir *le noir d'émail ou d'écaille sur les métaux et les bijoux*, à l'aide du décapage et de l'épargne connus depuis longtemps mais non encore appliqués pour le même objet.

> (Paris, 16 août 1866 ; Cass., 22 mars 1867. — Wyns c. Schmoll. *Annales*, 67, 273).

363. — Bien que l'idée ne soit pas nouvelle de la fabrication des *bijoux élastiques* dits *hélicoïdes* par l'enroulement en spirale de deux lames d'or creusées en gouttière et inversement superposées, il y a néanmoins invention brevetable dans le fait de doubler chacune des gouttières, à l'intérieur, d'une lame de cuivre avec laquelle elle se solidarise, et d'employer deux mandrins parfaitement cylin-

drés sur lesquels on roule inversement chacune des gouttières, et dont les diamètres égaux sont combinés de manière à obtenir deux hélices de même pas, qui, par un simple versage de l'un dans l'autre, forment le bijou.

> (Paris, 18 août 1868. — Léon et Cie c. François. *Annales*, 69,
> 191).

364. — Est nul, comme ne présentant aucun caractère industriel, un brevet pris pour un moyen de vérification de
l'identité des personnes à l'aide de *cartes photographiques*
sur lesquelles se trouve reproduit leur portrait et d'un timbre propre à empêcher la substitution d'une autre image
à la première,

> (Paris, 5 fév. 1870. — Donkèle c. Le Play. *Annales*, 70-71,122).

365. — Est brevetable un système de *brisure* applicable
à la bijouterie, consistant dans la combinaison de deux
pièces reliées ensemble et articulées au moyen d'une charnière avec un ressort à boudin, permettant à l'une des
deux pièces de faire levier et d'opérer ainsi elle-même la
fermeture des bijoux auxquels elle est adaptée, sans se
combiner avec un crochet, un cliquet ou un écrou.

> (Paris, 8 nov. 1873. — Muiron c. Michelot. *Annales*, 75, 449).

366. — Est valable le brevet pris pour un système *d'impression en chromo*, *camaïeux, etc., sur soie*, satin et étoffes
de toutes nuances pour éventails, écrans, sachets, etc., consistant dans la superposition de plusieurs couches d'un
mordant qui annule la couleur primitive de l'étoffe et lui
substitue une surface blanche, parfaitement lisse, analogue
au papier de teinture sur laquelle on imprime, par le
moyen de la chromolithographie, sans le secours du pin-
ceau.

> (Paris, 26 déc. 1878. — Laurence c. Ploncard. *Annales*, 79, 247).

367. — Les tubes creux ou charnières étant déjà employés dans la fabrication des *bracelets*, il faut néanmoins voir une **application nouvelle** brevetable dans le fait d'utiliser l'élasticité de ces tubes pour opérer une fermeture en quelque sorte spontanée, sans signe apparent extérieur et cédant à un simple effort pour entrer ou retirer le poignet.

(Paris, 22 nov. 1882. — Kieffer *c.* Boitel. *Annales*, 85, 39).

XVIII. — PAPETERIE

**Pâtes et machines. — Articles de bureau, presses à
copier, reliure, objets d'enseignement.**

368. — Est valable le brevet pris pour l'emploi d'un
mordant composé d'huiles diverses, sans mélange de céruse, dans la *fabrication du papier* velouté et nuancé, à
l'aide de l'application d'une seule laine, et de la reproduction, par la transparence, des dessins antérieurement imprimés sur le papier. Il en est ainsi alors même qu'auparavant on aurait employé, en vue du même résultat, un
mordant composé d'huiles et de céruse, la suppression de
cette dernière substance ayant précisément permis d'obtenir une transparence complète non réalisée jusque-là. Le
brevet pris dans ces conditions porte à la fois sur le **produit** et sur les moyens employés pour le créer.

(Paris, 22 juin 1855. — Marguerie *c.* Riottot. *Annales*, 55, 50).

369. — Est nul, pour défaut de nouveauté, le brevet
pris pour l'*isolement des crayons pastels* au moyen d'un
papier appliqué sur une feuille de carton, formant un
compartiment pour chaque crayon qui se trouve ainsi à
l'abri de tout contact avec les autres.

(Paris, 7 janv. 1863. — Lefranc *c.* Girault. *Annales*, 63, 67).

370. — Est valable le brevet pris pour un système de
boîtes enveloppes destinées aux cartes photographiques et
présentant les caractères suivants : 1° Découpage, estampage et au besoin impression en couleur des boîtes enve-

loppes ; 2° Application à ces boîtes de deux échancrures ou évidements des deux extrémités, permettant de pousser les cartes de chacune de ces deux extrémités pour les retirer avec facilité, de visiter et refermer promptement l'enveloppe; 3° Application de deux pattes de recouvrement fermant chaque enveloppe aux deux extrémités ; 4° Addition d'un caoutchouc fixé aux enveloppes pour en obtenir l'ouverture et la fermeture instantanées et facultatives.

(Trib. corr. Seine, 24 nov. 1868. — Dauvois c. Capitaine. *Annales,* 68, 389).

371. — Est valable comme constituant à la fois une **application nouvelle et un produit nouveau** le brevet pris pour une plume dite « *plume miraculeuse* » enduite d'une matière colorante quelconque, soluble dans l'eau, permettant d'écrire sans le secours d'un encrier, par le moyen de la seule immersion dans l'eau. On ne doit pas voir une antériorité dans une plume métallique armée d'un récipient contenant une matière colorante solide ou concentrée.

(Paris, 12 avr. 1878 ; Cass., 30 nov. 1878. — Fargue c. Leonart. *Annales,* 78, 311).

372. — L'emploi de coins d'acier pour obtenir des *empreintes en relief sur papier,* et leur coloration ou rehaussage pour leur donner l'aspect d'un cachet en cire étant connus, il n'y a ni application nouvelle de moyens connus, ni obtention d'un produit nouveau dans l'idée d'appliquer ces procédés, soit pour orner les en-têtes de papier à lettres d'un cachet imitant parfaitément les cachets de cire de couleur, soit pour obtenir des cachets mobiles et gommés pouvant servir à fermer les enveloppes de lettres.

(Paris, 5 juil. 1869. — Chevalier c. Jones. *Annales,* 80,287).

373. — **L'emploi** même nouveau pour le *papier à cigarettes* du mode de découper les autres papiers ne saurait constituer l'application nouvelle prévue par la loi.

(Trib. civ. Seine, 6 fév. 1890. — Aubert *c.* Brissaud. *Annales*, 92, 41).

XIX. — CUIRS ET PEAUX. — TANNERIE ET MÉGISSERIE. — CORROIERIE.

374. — L'emploi de la presse à plateaux pour le *tannage des cuirs* n'est pas brevetable lorsque soit le tannage par pression, soit la presse à plateaux étaient antérieurement connus et que, de l'aveu même du breveté, l'emploi de la presse à plateaux peut être remplacé dans le tannage par pression ou par toute autre pièce d'une disposition convenable.

(Cass., 4 juil. 1846. — Dupuis. Dalloz, 46, 1, 325).

375. — Bien qu'on emploie depuis longtemps dans les machines à imprimer le papier, des cylindres munis d'une rainure longitudinale, il y a néanmoins application nouvelle et brevetable de cette disposition dans le fait de l'adapter à une *machine à chagriner les peaux* en vue d'obtenir le repérage exact des peaux et d'empêcher, à un moment donné, le contact du cylindre inférieur avec le cylindre supérieur.

Est également brevetable l'application à la machine à chagriner les peaux d'un *tendeur mobile* précédemment usité dans une industrie différente.

(Trib. corr. Seine, 12 mai 1882. — Burc c. Chouipe. *Annales*, 82, 243, et Paris, 9 mai 1883, Burc c. Chouipe. *Annales*, 84, 93).

XX. — ARTICLES DE PARIS ET PETITES INDUSTRIES

Bimbeloterie. — Articles de fumeurs. — Tabletterie, vannerie, maroquinerie. — Industries diverses.

376. — Bien que le mode de faire des boîtes par un seul rouleau de carton soit connu, celui qui, le premier, a appliqué ce mode *aux boîtes d'allumettes chimiques*, a fait une application nouvelle de moyens connus.

> (Aix, 21 août 1846. — Roche, cité par Blanc, p. 351 et par M. Pouillet, nº 40).

377. — Il n'y a pas invention brevetable dans le fait d'imprimer des *annonces* dans l'intérieur des enveloppes.

> (Paris, 10 déc. 1846. — Colson, *Le Droit*, nº 289).

378. — Est valable le brevet pris pour un jouet dit *spiralifère* qui repose sur les quatre organes constitutifs suivant : 1º Un manche d'une disposition nouvelle, et dont la partie supérieure tourne sur un axe fixe dans la partie inférieure ; 2º L'évidement des ailes formant l'hélice ; 3º Les ailes formées par une carcasse composée de fil de fer et recouverte de papier et d'étoffe ; 4º Enfin un corps élastique appliqué à l'extrémité du spiralifère, et destiné particulièrement à éviter les accidents. Ne constitue pas une antériorité, un jouet analogue comme l'*hélice aérienne* ou le *strophéore* dans lequel on ne trouve pas les quatre organes décrits plus haut.

> (Paris, 21 fév. et 6 mars 1856. — Journet c. Rabiot et autres. *Annales*, 56, 140).

379. — Est brevetable un système de *fermoir pour porte-*

monnaie consistant dans un embouti et emboutissure produits par un coup de poinçon ou de marteau, système qui remplace la languette de fer rivée ou soudée, employée auparavant.

(Paris, 2 avril 1857. — Vandamme *c.* Wanner. *Annales*, 58, 238).

380. — Est brevetable l'application à des *porte-monnaie et porte-cigares*, de bandes ou cordons élastiques qui permettent au soufflet de se développer ou de se desserrer, et de demeurer en rapport exact avec le volume des objets destinés à y être renfermés.

(Paris, 17 février 1857. — Allain-Moulard *c.* Alleaume. *Annales*, 59, 119).

381. — Les *cartes-annonces* portant les nom, demeure et indication d'un industriel ou d'un commerçant étant connues, il n'y a pas **application nouvelle** dans le fait de les employer comme marques de jeu et de les introduire dans les jeux de cartes.

(Trib. corr. Seine, 8 mai 1860. — Piault *c.* Luez. *Prop. ind.*, 17 mai 1860).

382. — Est nul le brevet pris pour un *album photographique* dont les feuillets sont composés de trois feuilles de papier superposées et collées ensemble, celle du milieu suivant la grandeur des cartes photographiées et les deux autres de façon à former cadre et coulisse ; disposition permettant d'introduire deux cartes dos à dos dans ce cadre par une échancrure biseautée qui en facilite le glissement ; le feuillet de l'album conservant partout la même épaisseur et la tranche restant plane.

Une pareille disposition manque de nouveauté lorsqu'il existait auparavant des feuillets d'album composé d'un carton épais recouvert de chaque côté d'une peau de basane formant cadre et coulisse. L'addition du biseau pour faciliter le glissement des cartes ne constitue qu'une modification de détail non susceptible d'être brevetée.

(Paris, 13 mars 1862. — Grumel c. Hubert. *Annales*, 62, 446).

383. — Est brevetable comme **application nouvelle** de moyens connus, l'idée de former des *poupées articulées* à l'aide de pièces moulées s'adaptant les unes aux autres.

(Paris, 14 mars 1862 et Cass., 19 juin 1862. — Huret c. Vuillaume. *Annales*, 62, 385).

384. — On ne saurait considérer comme brevetable un procédé de *fabrication de boîtes*, consistant à faire passer une pièce ovale d'un métal quelconque sous un balancier ou un mouton dans des matrices successives, où elle est emboutie de plus en plus profondément, jusqu'à ce qu'elle ait la profondeur voulue pour former la boîte ronde ou ovale ; tous les produits dits estampés étant fabriqués de cette manière.

(Paris, 16 nov. 1864. — Charpentier c. Rozière. *Annales*, 66, 354).

385. — Est brevetable, comme **produit nouveau**, un genre de *cartes à jouer* présentant des angles arrondis, disposition qui leur donne des qualités de solidité et d'ornementation particulières.

(Paris, 13 mai 1865, Cass., 26 janv. 1866. — Chapelier c. Avril. *Annales*, 66, 58. — Cass., 27 déc. 1867. *Annales*, 68, 119).

386. — Est nul le brevet pris pour un *jouet* dit *musette parisienne* qui n'est que la reproduction exacte de l'instrument connu sous le nom de musette, avec ces deux points de différence, à savoir : que le jouet d'enfant est dans des dimensions très restreintes et que le réservoir d'air est en caoutchouc et fort extensible, au lieu d'être formé d'une vessie ou d'un sac de peau.

(Paris, 31 mai 1865. — Ombry c. Lang. *Annales*, 65, 277).

387. — La fabrication du sulfocyanure de mercure étant

connue, ainsi que sa propriété de s'étendre en forme de vers ou de serpents, on ne saurait voir une **application nouvelle** brevetable dans le fait de l'utiliser comme *jouets d'enfants* sous le nom de *serpents de Pharaon.*

(Paris, 21 mars 1866. — Barnelt *c.* Kubler. *Annales,* 66, 144).

388. — Est brevetable l'emploi de glaces en verre d'une seule pièce pour la *fabrication des billards* au lieu de tables en bois, en pierre ou en ardoise (le verre n'ayant pas le défaut de se déformer comme le bois, ni d'être lourd comme la pierre, ou friable comme l'ardoise).

(Paris, 13 nov. 1866. — Pernot-Jacquet *c.* Bacus. *Annales,* 67, 390).

389. — Est valable le brevet pris pour un système *de toupies* dans lequel le fouet ou la ficelle est remplacé par un ressort logé à l'extérieur d'un barillet qui surmonte la toupie à laquelle il se rattache par une tige à encoches ; mais il n'y a pas contrefaçon dans le fait d'employer, en vue du même résultat, un ressort qui sert à enrouler la ficelle ou cordelette à l'aide de laquelle le mouvement de rotation est imprimé à la toupie (disposition analogue à celle qui sert à enrouler et dérouler les mètres imprimés sur un ruban ou une lanière de cuir renfermés dans un étui).

(Cass., 2 janv. 1868. — Huriaux et Faille *c.* Blanchon. *Annales,* 68, 33).

390. — Est valable le brevet pris pour un système d'*étui-pelote* qui contient à l'intérieur une pelote en caoutchouc, laquelle, amenée à la partie supérieure au moyen d'une tige métallique, fait épanouir en gerbe toutes les aiguilles dont elle est garnie, de telle façon qu'il est facile de les voir toutes et de faire un choix.

(Paris, 22 mai 1868. — Asselin *c.* Boisserolles. *Annales,* 69, 137).

391. — Est brevetable comme **application nouvelle** et à la fois comme **produit**, une invention consistant à obtenir par agglomération, agglutination, pression, moulage à chaud et refroidissement, un nouveau produit composé de sciure de bois et d'albumine et destiné à la *fabrication des articles et objets de bois durci.*

> (Paris, 27 nov. 1868, Cass., 30 avril 1869. — Latry *c.* Dufour. *Annales*, 69, 362).

392. — Est nul le brevet pris pour de simples **changements de forme** apportés au *phénakisticope* et qui consistent principalement dans la substitution d'une disposition horizontale à la position verticale et le maintien sur un socle du jouet qui devait être primitivement tenu à la main.

> (Trib. corr. Seine, 29 avril 1869. — May *c.* Bordes. *Annales*, 70, 161).

393. — N'est pas brevetable, comme constituant une **combinaison financière**, l'établissement d'une *mutualité de paris* à l'occasion des courses de chevaux.

> (Paris, 3 mars 1870. — Labrousse *c.* Chéron. *Annales*, 72, 312).

394. — Est nul le brevet pris pour un moyen de *vérification de l'identité des personnes* à l'aide de cartes sur lesquelles se trouve reproduit leur portrait, et de timbres secs, coloriés ou non, appliqués sur les portraits pour qu'il soit impossible de les changer.

> (Paris, 5 février 1870.— Donckèle *c.* Le Play. *Annales*, 70, 122).

395. — Il n'y a pas invention brevetable à juxtaposer deux éléments essentiels d'une *pipe* (tête à double perçage et tuyau à tube isolant), évidemment destinés l'un à l'autre par leur nature même, tous deux déjà connus, sans y avoir apporté une modification quelconque pouvant produire un avantage nouveau.

> (Besançon, 8 juin 1870. — Jeantet-David *c.* Raphanel. *Annales*, 74, 295).

396. — Est valable comme constituant une application nouvelle, le brevet pris pour un *briquet portatif*, dit *pyrigène* à l'usage des fumeurs, contenant dans une boîte métallique à couvercle mobile : 1° Un disque d'acier cannelé, mis en mouvement par la détente d'un ressort en spirale et produisant des étincelles sur une pierre de grès mécaniquement maintenue en contact ; 2° Une mèche préparée, logée dans une cloison intérieure et amenée au foyer ou retirée à l'aide d'un pignon à dent ; 3° Et une porte à charnière découpée dans la bande de circonférence et munie intérieurement d'une petite cloison qui, venant buter contre la mèche, lui sert d'étouffoir.

> (Paris, 25 fév. 1866, Cass., 23 juin 1876. — Catou *c.* Gérard. *Annales*, 78, 23).

397. — Est brevetable, comme constituant une application nouvelle, l'idée d'utiliser l'élasticité du métal pour opérer la fermeture des *boîtes métalliques* en faisant de leurs parois un ressort qui presse le couvercle.

> (Cass., 4 août 1876. — Bertoud-Trottier *c.* Jacquot. *Annales*, 77, 201).

398. — Bien que l'idée de substituer, dans les *manèges de chevaux de bois*, des vélocipèdes aux chevaux fût connue, celui-là néanmoins en a fait une application nouvelle qui l'a réalisée en combinant les deux dispositions suivantes : 1° Deux cercles jumeaux contre lesquels sont boulonnées les branches de la fourchette de chaque vélocipède muni d'un grillage de préservation ; ces vélocipèdes variés de grandeur, pour s'adapter aux différentes tailles, circulant sur un plancher en bois bien dressé ; 2° Des tirants de fer au nombre de six ou plus, disposés en faisceaux servant à relier les cercles et les vélocipèdes à un collier qui tourne librement sur un plateau central, le collier étant muni de galets qui roulent sur un petit plateau en fer fixe ou poteau ; chaque tirant étant ajusté à la partie supérieure de la fourchette du vélocipède et portant une tige qui fait jambe de force et est fixée au cercle extérieur.

> (Trib. corr. Seine, 5 décembre 1876. — Drouhin c. Dupont. *Annales*, 81, 19).

399. — On ne saurait voir une invention brevetable dans le fait d'appliquer aux *jouets et menus objets en caoutchouc* les couleurs non toxiques déjà appliquées aux jouets fabriqués avec d'autres matières, soit directement, soit sur le papier destiné à les orner.

> (Trib. corr. Seine, 24 mai 1868. — Lejeune c. Turpin. *Annales*, 78, 265).

400. — N'est pas brevetable un système de *publicité* consistant dans des tableaux dits *placards-guides* qui donnent l'indication des rues et adresses de Paris avec les renseignements utiles au public.

> (Paris, 14 mai 1880. — Bachellerie c. Loffet. *Annales*, 80, 242).

401. — Bien que, pour rendre plus solides les anses des *paniers*, on ait déjà employé des brins métalliques ou des pitons vissés dans le bois, ou encore une armature en fer galvanisé soutenant les anses, servant de charnière et retenant l'agrafe des couvercles, il y a néanmoins invention brevetable dans le fait d'imaginer un système composé de deux plaques métalliques, l'une liée ou sertissée à l'extrémité des anses et poignées et terminée par un anneau, l'autre accrochée au corps des paniers au moyen de pattes et garnie d'un crampon dans lequel l'anneau est maintenu. — Est également brevetable l'idée d'appliquer aux paniers, pour l'attache des anses, l'œillet métallique déjà employé dans d'autres industries.

> (Amiens, 22 juillet 1880. — Cordier (Brevet-Treffort) c. Barbotte. *Annales*, 81, 283).

402. — L'articulation des jambes et bras de poupées au moyen de rotules ou parties hémisphériques tournant sur une cheville, étant connue, il n'y a pas invention brevetable dans le fait de mieux dissimuler ces articulations à la partie antérieure et de diminuer à la partie postérieure, l'échancrure nécessaire pour le jeu des jambes et des bras.
— De même dans le mécanisme qui fait parler ou pleurer les bébés, la suppression d'une simple roue d'engrenage ne constitue pas un perfectionnement susceptible de faire l'objet d'un brevet valable.

(Cass., 24 mai 1881. — Dame Cuchet *c.* Demoiselle Chauvière. *Annales*, 81, 170).

403. — Constitue une application nouvelle de moyens connus et par suite brevetable l'emploi de la *pompe à air pour vaporiser les liquides* qui n'avaient jusqu'alors été vaporisés qu'à l'aide d'une poire en caoutchouc, cet emploi ayant pour résultat de faciliter et de régulariser la pression de l'air sur le liquide à vaporiser et de supprimer les inconvénients de la poire en caoutchouc.

(Trib. civ. Seine, 19 fév.1884.— Agnel *c.* Gaïaudo. *Annales*, 90, 75).

404. — L'idée de rendre le papier imperméable par l'application d'une matière hydrofuge étant connue, l'emploi de ce moyen pour rendre imperméable l'extrémité des feuilles de *papier à cigarettes,* constitue une application **nouvelle** de moyens connus susceptible d'être brevetée.

(Trib. corr. Seine, 25 nov. 1882. — Dargy *c.* Pradon. *Annales*, 85, 68).

405. — Est brevetable comme **produit industriel nouveau** la *couronne funéraire* fabriquée uniquement en baguette et grains de bois, encore qu'auparavant il eût existé des couronnes funéraires dans lesquelles on employait le bois d'une façon accessoire et restreinte, alors qu'il est constant que la couronne tout en bois présente un ensemble spécial.et offre des avantages indiscutables de durée et de solidité.

(Paris, 19 avril 1888 et Cass., 23 nov. 1888. — Dame Nicolle *c*. Randin. *Annales*, 89, 156).

406. — Le fait d'avoir fait servir à la *publicité ambulante* des appareils (crochets munis de bretelles) analogues à d'autres employés depuis longtemps pour toutes sortes d'usages, ne saurait constituer une **application nouvelle** de moyens connus susceptible d'être brevetée.

(Paris, 11 déc. 1838. — Cruchet *c*. Marx. *Annales*, 90, 64).

407. — Est brevetable comme constituant une application nouvelle de moyens connus, l'application aux *têtes de flèches* de la ventouse en caoutchouc utilisée déjà pour la fixation des porte-bougies, porte-manteaux etc.

(Paris, 11 avril 1892. — Pratt *c*. Lycett. *Annales*, 93, 115).

LOI SUR LES BREVETS D'INVENTION

(Du 5 juillet 1844).

DISPOSITIONS GÉNÉRALES.

ART. 1er.— Toute nouvelle découverte ou invention dans tous les genres d'industrie confère à son auteur, sous les conditions et pour le temps ci-après déterminés, le droit exclusif d'exploiter à son profit ladite découverte ou invention.

Ce droit est constaté par des titres délivrés par le gouvernement, sous le nom de *brevets d'invention*.

ART. 2. — Seront considérées comme inventions ou découvertes nouvelles :

L'invention de nouveaux produits industriels ;

L'invention de nouveaux moyens ou l'application nouvelle de moyens connus, pour l'obtention d'un résultat ou d'un produit industriel.

ART. 3. — Ne sont pas susceptibles d'être brevetés :

1. Les compositions pharmaceutiques ou remèdes de toute espèce, lesdits objets demeurant soumis aux lois et règlements spéciaux sur la matière, et notamment au décret du 18 août 1810, relatif aux remèdes secrets ;

2. Les plans et combinaisons de crédit ou de finances.

ART. 4. — La durée des brevets sera de cinq, dix ou quinze années.

Chaque brevet donnera lieu au payement d'une taxe, qui est fixée ainsi qu'il suit, savoir :

Cinq cents francs pour un brevet de cinq ans ;

Mille francs pour un brevet de dix ans ;

Quinze cents francs pour un brevet de quinze ans.

Cette taxe sera payée par annuités de cent francs, sous peine de déchéance si le breveté laisse écouler un terme sans l'acquitter.

TITRE II

DES FORMALITÉS RELATIVES A LA DÉLIVRANCE DES BREVETS.

SECTION Iʳᵉ

DES DEMANDES DE BREVETS.

ART. 5. — Quiconque voudra prendre un brevet d'invention devra déposer, sous cachet, au secrétariat de la préfecture, dans le département où il est domicilié, ou dans tout autre département, en y élisant domicile :

1° Sa demande au ministre de l'agriculture et du commerce ;

2° Une description de la découverte, invention ou application faisant l'objet du brevet demandé ;

3° Les dessins ou échantillons qui seraient nécessaires pour l'intelligence de la description ;

Et 4° un bordereau des pièces déposées.

ART. 6. — La demande sera limitée à un seul objet principal, avec les objets de détail qui le constituent, et les applications qui auront été indiquées.

Elle mentionnera la durée que les demandeurs entendent assigner à leur brevet dans les limites fixées par l'article 4 et ne contiendra ni restrictions, ni conditions, ni réserves.

Elle indiquera un titre renfermant la désignation sommaire et précise de l'objet de l'invention.

La description ne pourra être écrite en langue étrangère. Elle devra être sans altération ni surcharges. Les mots rayés comme nuls seront comptés et constatés, les pages et les renvois parafés. Elle ne devra contenir aucune dénomination de poids ou de mesures autre que celles qui sont portées au tableau annexé à la loi du 4 juillet 1837.

Les dessins seront tracés à l'encre et d'après une échelle métrique.

Un duplicata de la description et des dessins sera joint à la demande.

Toutes les pièces seront signées par le demandeur ou par un mandataire, dont le pouvoir restera annexé à la demande.

ART. 7. — Aucun dépôt ne sera reçu que sur la production d'un récépissé constatant le versement d'une somme de cent francs à valoir sur le montant de la taxe du brevet.

Un procès-verbal, dressé sans frais par le secrétaire général de la préfecture sur un registre à ce destiné, et signé par le demandeur, constatera chaque dépôt, en énonçant le jour et l'heure de la remise des pièces.

Une expédition dudit procès-verbal sera remise au déposant, moyennant le remboursement des frais de timbre.

ART. 8. — La durée du brevet courra du jour du dépôt prescrit par l'article 5.

SECTION II
DE LA DÉLIVRANCE DES BREVETS.

ART. 9. — Aussitôt après l'enregistrement des demandes, et dans les cinq jours de la date du dépôt, les préfets transmettront les pièces, sous le cachet de l'inventeur, au ministre de l'agriculture et du commerce, en y joignant une copie certifiée du procès-verbal de dépôt, le récépissé constatant le versement de la taxe, et, s'il y a lieu, le pouvoir mentionné dans l'article 6.

ART. 10. — A l'arrivée des pièces au ministère de l'agriculture et du commerce, il sera procédé à l'ouverture, à l'enregistrement des demandes et à l'expédition des brevets, dans l'ordre de la réception desdites demandes.

ART. 11. — Les brevets dont la demande aura été régulièrement formée seront délivrés sans examen préalable, aux risques et périls des demandeurs, et sans garantie, soit de la réalité, de la nouveauté ou du mérite de l'invention, soit de la fidélité ou de l'exactitude de la description.

Un arrêté du ministre, constatant la régularité de la demande, sera délivré au demandeur, et constituera le brevet d'invention.

A cet arrêté sera joint le duplicata certifié de la description et des dessins, mentionné dans l'article 6, après que la conformité avec l'expédition originale en aura été reconnue et établie au besoin.

La première expédition des brevets sera délivrée sans frais.

Toute expédition ultérieure, demandée par le breveté ou ses ayants cause, donnera lieu au paiement d'une taxe de vingt-cinq francs.

Les frais de dessin, s'il y a lieu, demeureront à la charge de l'impétrant.

ART. 12. — Toute demande dans laquelle n'auraient pas été observées les formalités prescrites par les nos 2 et 3 de l'article 5, et par l'article 6, sera rejetée. La moitié de la somme versée restera acquise au Trésor, mais il sera tenu compte de la totalité de cette somme au demandeur s'il reproduit sa demande dans un délai de trois mois, à compter de la date de la notification du rejet de sa requête.

ART. 13. — Lorsque, par application de l'article 3, il n'y aura pas lieu à délivrer un brevet, la taxe sera restituée.

ART. 14.— Une ordonnance royale, insérée au *Bulletin des lois*, proclamera tous les trois mois les brevets délivrés.

ART. 15. — La durée des brevets ne pourra être prolongée que par une loi.

SECTION III
DES CERTIFICATS D'ADDITION.

ART. 16. — Le breveté ou les ayants droit au brevet auront, pendant toute la durée du brevet, le droit d'apporter à l'invention des changements, perfectionnements ou additions, en remplissant, pour le dépôt de la demande, les formalités déterminées par les articles 5, 6 et 7.

Ces changements, perfectionnements ou additions seront constatés par des certificats délivrés dans la même forme que le brevet principal, et qui produiront, à partir des dates respectives des demandes et de leur expédition, les mêmes effets que ledit brevet principal, avec lequel ils prendront fin.

Chaque demande de certificat d'addition donnera lieu au payement d'une taxe de vingt francs.

Les certificats d'addition pris par un des ayants droit profiteront à tous les autres.

ART. 17. — Tout breveté qui, pour un changement, perfectionnement ou addition, voudra prendre un brevet principal de cinq, dix ou quinze années, au lieu d'un certificat d'addition expirant avec le brevet primitif, devra remplir les formalités prescrites par les articles 5, 6 et 7, et acquitter la taxe mentionnée dans l'article 4.

ART. 18. — Nul autre que le breveté ou ses ayants droit, agissant comme il est dit ci-dessus, ne pourra, pendant une année, prendre valablement un brevet pour un changement, perfectionnement ou addition à l'invention qui fait l'objet du brevet primitif.

Néanmoins, toute personne qui voudra prendre un brevet pour changement, addition ou perfectionnement à une découverte déjà brevetée, pourra, dans le cours de ladite année, former une demande qui sera transmise, et restera déposée sous cachet, au ministère de l'agriculture et du commerce.

L'année expirée, le cachet sera brisé et le brevet délivré.

Toutefois, le breveté principal aura la préférence pour les changements, perfectionnements et additions pour lesquels il aurait lui-même, pendant l'année, demandé un certificat d'addition ou un brevet.

ART. 19. — Quiconque aura pris un brevet pour une découverte, invention ou application se rattachant à l'objet d'un autre brevet, n'aura aucun droit d'exploiter l'invention déjà brevetée, et réciproquement le titulaire du brevet primitif ne pourra exploiter l'invention objet du nouveau brevet.

SECTION IV
DE LA TRANSMISSION ET DE LA CESSION DES BREVETS.

ART. 20. — Tout breveté pourra céder la totalité ou partie de la propriété de son brevet.

La cession totale ou partielle d'un brevet, soit à titre gratuit, soit à titre onéreux, ne pourra être faite que par acte notarié, et après le payement de la totalité de la taxe déterminée par l'article 4.

Aucune cession ne sera valable, à l'égard des tiers, qu'après avoir été enregistrée au secrétariat de la préfecture du département dans lequel l'acte aura été passé.

L'enregistrement des cessions et de tous autres actes emportant mutation sera fait sur la production et le dépôt d'un extrait authentique de l'acte de cession ou de mutation.

Une expédition de chaque procès-verbal d'enregistrement, accompagnée de l'extrait de l'acte ci-dessus mentionné, sera transmise par les préfets au ministre de l'agriculture et du commerce, dans les cinq jours de la date du procès-verbal.

ART. 21. — Il sera tenu, au ministère de l'agriculture et du commerce, un registre sur lequel seront inscrites les mutations intervenues sur chaque brevet, et, tous les trois mois, une ordonnance royale proclamera, dans la forme déterminée par l'article 14, les mutations enregistrées pendant le trimestre expiré.

ART. 22. — Les cessionnaires d'un brevet, et ceux qui auront acquis d'un breveté ou de ses ayants droit la faculté d'exploiter la découverte ou l'invention, profiteront, de plein droit, des certificats d'addition qui seront ultérieurement délivrés au breveté ou à ses ayants droit. Réciproquement, le breveté ou ses ayants droit profiteront des certificats d'addition qui seront ultérieurement délivrés aux cessionnaires.

Tous ceux qui auront droit de profiter des certificats d'addition pourront en lever une expédition au ministère de l'agriculture et du commerce, moyennant un droit de vingt francs.

SECTION V

DE LA COMMUNICATION ET DE LA PUBLICATION DES DESCRIPTIONS ET DESSINS DE BREVETS.

ART. 23. — Les descriptions, dessins, échantillons et modèles resteront, jusqu'à l'expiration des brevets, déposés au ministère de l'agriculture et du commerce, où ils seront communiqués sans frais, à toute réquisition.

Toute personne pourra obtenir, à ses frais, copie desdites descriptions et dessins, suivant les formes qui seront déterminées dans le règlement rendu en exécution de l'article 50.

ART. 24. — Après le payement de la deuxième annuité, les descriptions et dessins seront publiés, soit textuellement, soit.par extrait.

Il sera en outre publié, au commencement de chaque année, un catalogue contenant les titres des brevets délivrés dans le courant de l'année précédente.

ART. 25. — Le recueil des descriptions et dessins et le catalogue publiés en exécution de l'article précédent seront déposés au ministère de l'agriculture et du commerce, et au secrétariat de la préfecture de chaque département où ils pourront être consultés sans frais.

ART. 26. — A l'expiration des brevets, les originaux des descriptions et dessins seront déposés au conservatoire royal des arts et métiers.

TITRE III

DES DROITS DES ÉTRANGERS.

ART. 27. — Les étrangers pourront obtenir en France des brevets d'invention.

ART. 28. — Les formalités et conditions déterminées par la présente loi seront applicables aux brevets demandés ou délivrés en exécution de l'article précédent.

ART. 29. — L'auteur d'une invention ou découverte déjà brevetée à l'étranger pourra obtenir un brevet en France ; mais la durée de ce brevet ne pourra excéder celle des brevets antérieurement pris à l'étranger.

TITRE IV

DES NULLITÉS ET DÉCHÉANCES ET DES ACTIONS Y RELATIVES.

SECTION Ire

DES NULLITÉS ET DÉCHÉANCES.

ART. 30. — Séront nuls, et de nul effet, les brevets délivrés dans les cas suivants, savoir :

1° Si la découverte, invention ou application n'est pas nouvelle ;

2° Si la découverte, invention ou application n'est pas aux termes de l'article 3 susceptible d'être brevetée ;

3° Si les brevets portent sur des principes, méthodes, systèmes, découvertes et conceptions théoriques ou purement scientifiques, dont on n'a pas indiqué les applications industrielles ;

4° Si la découverte, invention ou application est reconnue contraire à l'ordre ou à la sûreté publique, aux bonnes mœurs ou aux lois du royaume, sans préjudice, dans ce cas et dans celui du paragraphe précédent, des peines qui pourraient être encourues pour la fabrication ou le débit d'objets prohibés ;

5° Si le titre sous lequel le brevet a été demandé indique frauduleusement un objet autre que le véritable objet de l'invention ;

6° Si la description jointe au brevet n'est pas suffisante pour l'exécution de l'invention, ou si elle n'indique pas, d'une manière complète et loyale, les véritables moyens de l'invention ;

7° Si le brevet a été obtenu contrairement aux dispositions de l'article 18.

Seront également nuls et de nul effet, les certificats comprenant des changements, perfectionnements ou additions qui ne se rattacheraient pas au brevet principal.

ART. 31. — Ne sera pas réputée nouvelle toute découverte, invention ou application qui, en France ou à l'étranger, et antérieurement à la date du dépôt de la demande, aura reçu une publicité suffisante pour pouvoir être exécutée.

ART. 32. — Sera déchu de tous ses droits :

1° Le breveté qui n'aura pas acquitté son annuité avant le commencement de chacune des années de la durée de son brevet ;

2° Le breveté qui n'aura pas mis en exploitation sa découverte ou invention en France, dans le délai de deux ans, à dater du jour de la signature du brevet, ou qui aura cessé de l'exploiter pendant deux années consécutives à moins que, dans l'un ou l'autre cas, il ne justifie des causes de son inaction ;

3° Le breveté qui aura introduit en France des objets fabriqués en pays étranger et semblables à ceux qui sont garantis par son brevet.

Sont exceptés des dispositions du précédent paragraphe, les modèles de machines dont le ministre de l'agriculture et du commerce pourra autoriser l'introduction dans le cas prévu par l'article 9.

ART. 33. — Quiconque, dans des enseignes, annonces, prospectus, affiches, marques ou estampilles, prendra la qualité de breveté sans posséder un brevet délivré conformément aux lois, ou après l'expiration d'un brevet antérieur ; ou qui, étant breveté, mentionnera sa qualité de breveté ou son brevet sans y ajouter ces mots, *sans garantie du gouvernement*, sera puni d'une amende de cinquante francs à mille francs.

En cas de récidive, l'amende pourra être portée au double.

SECTION II
DES ACTIONS EN NULLITÉ ET EN DÉCHÉANCE.

ART. 34. — L'action en nullité et l'action en déchéance pourront être exercées par toute personne y ayant un intérêt.

Ces actions, ainsi que toutes contestations relatives à la propriété des brevets, seront portées devant les tribunaux civils de première instance.

ART. 35. — Si la demande est dirigée en même temps contre le titulaire du brevet et contre un ou plusieurs cessionnaires partiels, elle sera portée devant le tribunal du domicile du titulaire du brevet.

ART. 36. — L'affaire sera instruite et jugée dans la forme prescrite pour les matières sommaires par les articles 405 et suivants du Code de procédure civile. Elle sera communiquée au procureur du Roi.

ART. 37. — Dans toute instance tendant à faire prononcer la nullité ou la déchéance d'un brevet, le ministère public pourra se rendre partie intervenante et prendre des réquisitions pour faire prononcer la nullité ou la déchéance absolue du brevet.

Il pourra même se pourvoir directement par action principale pour faire prononcer la nullité, dans les cas prévus aux n°s 2, 4 et 5 de l'article 30.

ART. 38. — Dans les cas prévus par l'article 37, tous les ayants droit au brevet dont les titres auront été enregistrés au ministère de l'agriculture et du commerce, conformément à l'article 21, devront être mis en cause.

ART. 39. — Lorsque la nullité ou la déchéance absolue d'un brevet aura été prononcée par jugement ou arrêt ayant acquis force de chose jugée, il en sera donné avis au ministre de l'agriculture et du commerce, et la nullité ou la déchéance sera publiée dans la forme déterminée par l'article 14 pour la proclamation des brevets.

TITRE V

DE LA CONTREFAÇON, DES POURSUITES ET DES PEINES.

ART. 40. — Toute atteinte portée aux droits du breveté, soit par la fabrication de produits, soit par l'emploi de moyens faisant l'objet de son brevet, constitue le délit de contrefaçon.

Ce délit sera puni d'une amende de cent à deux mille francs.

ART. 41. — Ceux qui auront sciemment recélé, vendu ou exposé en vente, ou introduit sur le territoire français, un ou plusieurs objets contrefaits, seront punis des mêmes peines que les contrefacteurs.

ART. 42. — Les peines établies par la présente loi ne pourront être cumulées.

La peine la plus forte sera prononcée pour tous les faits antérieurs au premier acte de poursuite.

ART. 43. — Dans le cas de récidive, il sera prononcé, outre l'amende portée aux articles 40 et 41, un emprisonnement d'un mois à six mois.

Il y a récidive lorsqu'il a été rendu contre le prévenu, dans les cinq années antérieures, une première condamnation sur un des délits prévus par la présente loi.

Un emprisonnement d'un mois à six mois pourra aussi être prononcé, si le contrefacteur est un ouvrier ou un employé ayant travaillé dans les ateliers ou dans l'établissement du breveté, ou si le contrefacteur, s'étant associé avec un ouvrier ou un employé du breveté, a eu connaissance, par ce dernier, des procédés décrits au brevet.

Dans ce dernier cas, l'ouvrier ou l'employé pourra être poursuivi comme complice.

ART. 44. — L'article 463 du Code pénal pourra être appliqué aux délits prévus par les dispositions qui précèdent.

ART. 45. — L'action correctionnelle pour l'application des peines ci-dessus, ne pourra être exercée par le ministère public que sur la plainte de la partie lésée.

ART. 46. — Le tribunal correctionnel, saisi d'une action pour délit de contrefaçon, statuera sur les exceptions qui seraient tirées par le prévenu, soit de la nullité ou de la déchéance du brevet, soit des questions relatives à la propriété dudit brevet.

ART. 47. — Les propriétaires de brevet pourront, en vertu d'une ordonnance du président du tribunal de première instance, faire procéder, par tous huissiers, à la désignation et description détaillées, avec ou sans saisie, des objets prétendus contrefaits.

L'ordonnance sera rendue sur simple requête, et sur la représentation du brevet ; elle contiendra, s'il y a lieu, la nomination d'un expert pour aider l'huissier dans sa description.

Lorsqu'il y aura lieu à la saisie, ladite ordonnance pourra imposer au requérant un cautionnement qu'il sera tenu de consigner avant d'y faire procéder.

Le cautionnement sera toujours imposé à l'étranger breveté qui requerra la saisie.

Il sera laissé copie au détenteur des objets décrits ou saisis tant de l'ordonnance que de l'acte constatant le dépôt du cautionnement le cas échéant ; le tout, à peine de nullité et de dommages-intérêts contre l'huissier.

ART. 48. — A défaut, par le requérant, de s'être pourvu, soit par la voie civile, soit par la voie correctionnelle, dans le délai de huitaine, outre un jour par trois myriamètres de distance entre le lieu où se trouvent les objets saisis ou décrits, et le domicile du contrefacteur, recéleur, introducteur ou débitant, la saisie ou description sera nulle de plein droit, sans préjudice des dommages-intérêts qui pourront être réclamés, s'il y a lieu, dans la forme prescrite par l'article 36.

ART. 49. — La confiscation des objets reconnus contrefaits, et, le cas échéant, celle des instruments ou ustensiles destinés spécialement à leur fabrication, seront, même en cas d'acquittement, prononcées contre le contrefacteur, le recéleur, l'introducteur ou le débitant.

Les objets confisqués seront remis au propriétaire du brevet, sans préjudice de plus amples dommages-intérêts et de l'affiche du jugement, s'il y a lieu.

TITRE VI

DISPOSITIONS PARTICULIÈRES ET TRANSITOIRES.

ART. 50. — Des ordonnances royales, portant règlement d'administration publique, arrêteront les dispositions nécessaires pour l'exécution de la présente loi, qui n'aura effet que trois mois après sa promulgation.

ART. 51. — Des ordonnances rendues dans la même forme pourront régler l'application de la présente loi dans les colonies, avec les modifications qui seront jugées nécessaires.

ART. 52. — Seront abrogées, à compter du jour où la présente loi sera devenue exécutoire, les lois des 7 janvier et 25 mai 1791, celle du 20 septembre 1792, l'arrêté du 17 vendémiaire an VII, l'arrêté du 5 vendémiaire an IX, les décrets des 25 novembre 1806 et 25 janvier 1807, et toutes dispositions antérieures à la présente loi relatives aux brevets d'invention, d'importation et de perfectionnement.

ART. 53. — Les brevets d'invention, d'importation et de perfectionnement actuellement en exercice, délivrés conformément aux lois antérieures à la présente, ou prorogés par ordonnance royale, conserveront leur effet, pendant tout le temps qui aura été assigné.

ART. 54. — Les procédures commencées avant la promulgation de la présente loi seront mises à fin conformément aux lois antérieures.

Toute action, soit en contrefaçon, soit en nullité ou en déchéance de brevet, non encore intentée, sera suivie conformément aux dispositions de la présente loi, alors même qu'il s'agirait de brevets délivrés antérieurement.

APPENDICE

Convention constituant une Union internationale pour la protection de la Propriété industrielle (1).

Article 1er.

Les Gouvernements de la Belgique, du Brésil, de l'Espagne, de la France, du Guatémala, de l'Italie, des Pays-Bas, du Portugal, du Salvador, de la Serbie et de la Suisse sont constitués à l'état d'Union, pour la protection de la Propriété industrielle.

Art. 2.

Les sujets ou citoyens de chacun des États contractants jouiront, dans tous les autres États de l'Union, en ce qui concerne les brevets d'invention (2), les dessins ou modèles industriels, les marques de fabrique ou de commerce et le nom commercial, des avantages que les lois respectives accordent actuellement ou accorderont par la suite aux nationaux. En conséquence, ils auront la même protection que ceux-ci et le même recours légal contre toute atteinte portée à leurs droits, sous réserve de l'accomplissement des formalités et des conditions imposées aux nationaux par la législation antérieure de chaque État.

Art. 3.

Sont assimilés aux sujets ou citoyens des États contractants les sujets ou citoyens des États ne faisant pas partie de l'Union, qui

(1) Cette convention signée à Paris le 20 mars 1883 est entrée en vigueur le 7 juillet 1884. Elle a été approuvée en France par le Sénat et par la Chambre des députés, ce qui lui donne force de loi.
Outre les États signataires, la République de l'Équateur, la Grande-Bretagne, la Tunisie et la République Dominicaine ont adhéré à la convention du 20 mars 1883.
(2) Sous le nom de *Brevet d'invention*, aux termes du protocole de clôture annexé à la convention, sont comprises les diverses espèces de brevets industriels admises par les législations des États contractants, telles que brevets d'importation, brevets de perfectionnement, etc.

sont domiciliés ou ont des établissements industriels ou commerciaux sur le territoire de l'un des Etats de l'Union.

Art. 4.

Celui qui aura régulièrement fait le dépôt d'une demande de brevet d'invention, d'un dessin ou modèle industriel, d'une marque de fabrique ou de commerce, dans l'un des Etats contractants, jouira, pour effectuer le dépôt dans les autres Etats, et sous réserve des droits des tiers, d'un droit de priorité pendant les délais déterminés ci-après.

En conséquence, le dépôt ultérieurement opéré dans l'un des autres Etats de l'Union, avant l'expiration de ces délais, ne pourra être invalidé par des faits accomplis dans l'intervalle, soit notamment, par un autre dépôt, par la publication de l'invention ou son exploitation par un tiers, par la mise en vente d'exemplaires du dessin ou modèle, par l'emploi de la marque.

Les délais de priorité mentionnés ci-dessus seront de six mois pour les brevets d'invention, et de trois mois pour les dessins ou modèles industriels, ainsi que pour les marques de fabrique ou de commerce. Ils seront augmentés d'un mois pour les pays d'outre-mer (1).

Art. 5.

L'introduction par le breveté, dans le pays où le brevet a été délivré, d'objets fabriqués dans l'un ou l'autre des Etats de l'Union, n'entraînera pas la déchéance.

Toutefois, le breveté restera soumis à l'obligation d'exploiter son brevet conformément aux lois du pays où il introduit les objets brevetés.

Art. 6.

Toute marque de fabrique ou de commerce régulièrement déposée dans le pays d'origine sera admise au dépôt et protégée telle quelle dans tous les autres pays de l'Union.

Sera considéré comme pays d'origine le pays où le déposant a son principal établissement.

Si ce principal établissement n'est point situé dans un des pays de l'Union, sera considéré comme pays d'origine celui auquel appartient le déposant.

---

(1) V. l'observation *in fine.*

Le dépôt pourra être refusé, si l'objet pour lequel il est demandé est considéré comme contraire à la morale ou à l'ordre public.

Art. 7.

La nature du produit sur lequel la marque de fabrique ou de commerce doit être apposée ne peut, dans aucun cas, faire obstacle au dépôt de la marque.

Art. 8.

Le nom commercial sera protégé dans tous les pays de l'Union sans obligation de dépôt, qu'il fasse ou non partie d'une marque de fabrique ou de commerce.

Art. 9.

Tout produit portant illicitement une marque de fabrique ou de commerce, ou un nom commercial, pourra être saisi à l'importation dans ceux des Etats de l'Union dans lesquels cette marque ou ce nom commercial ont droit à la protection légale.

La saisie aura lieu à la requête soit du ministère public, soit de la partie intéressée, conformément à la législation intérieure de chaque Etat.

Art. 10.

Les dispositions de l'article précédent seront applicables à tout produit portant faussement, comme indication de provenance, le nom d'une localité déterminée, lorsque cette indication sera jointe à un nom commercial fictif ou emprunté dans une intention frauduleuse.

Est réputé partie intéressée tout fabricant ou commerçant engagé dans la fabrication ou le commerce de ce produit, et établi dans la localité faussement indiquée comme provenance.

Art. 11.

Les Hautes Parties contractantes s'engagent à accorder une protection temporaire aux inventions brevetables, aux dessins ou modèles industriels, ainsi qu'aux marques de fabrique ou de commerce, pour les produits qui figureront aux Expositions internationales officielles ou officiellement reconnues.

Art. 12.

Chacune des Hautes Parties contractantes s'engage à établir un service spécial de la propriété industrielle et un dépôt central, pour la communication au public des brevets d'invention, des dessins ou modèles industriels et des marques de fabrique ou de commerce.

Art. 13.

Un office international sera organisé sous le titre de *Bureau international de l'Union pour la protection de la Propriété industrielle.*

Un Bureau, dont les frais seront supportés par les Administrations de tous les États contractants, sera placé sous la haute autorité de l'administration supérieure de la Confédération suisse, et fonctionnera sous sa surveillance. Les attributions en seront déterminées d'un commun accord entre les États de l'Union.

Art. 14.

La présente Convention sera soumise à des révisions périodiques en vue d'y introduire les améliorations de nature à perfectionner le système de l'Union.

A cet effet, des Conférences auront lieu successivement, dans l'un des États contractants, entre les Délégués desdits États.

La prochaine réunion aura lieu en 1885, à Rome.

Art. 15.

Il est entendu que les Hautes Parties contractantes se réservent respectivement le droit de prendre séparément, entre elles, des arrangements particuliers pour la protection de la propriété industrielle, en tant que ces arrangements ne contreviendraient point aux dispositions de la présente Convention.

Art. 16.

Les États qui n'ont point pris part à la présente Convention seront admis à y adhérer sur leur demande.

Cette adhésion sera notifiée par la voie diplomatique au Gouvernement de la Confédération suisse, et par celui-ci à tous les autres.

Elle emportera, de plein droit, accession à toutes les clauses et admission à tous les avantages stipulés par la présente Convention.

Art. 17.

L'exécution des engagements réciproques contenus dans la présente Convention est subordonnée, en tant que de besoin, à l'accomplissement des formalités et règles établies par les lois constitutionnelles de celles des Hautes Parties contractantes qui sont tenues d'en provoquer l'application, ce qu'elles s'obligent à faire dans le plus bref délai possible.

Art. 18.

La présente Convention sera mise à exécution dans le délai d'un mois à partir de l'échange des ratifications et demeurera en vigueur pendant un temps indéterminé, jusqu'à l'expiration d'une année à partir du jour où la dénonciation en sera faite.

Cette dénonciation sera adressée au Gouvernement chargé de recevoir les adhésions. Elle ne produira son effet qu'à l'égard de l'Etat qui l'aura faite, la Convention restant exécutoire pour les autres Parties contractantes.

Art. 19.

La présente Convention sera ratifiée, et les ratifications en seront échangées à Paris, dans le délai d'un an au plus tard.

En foi de quoi, les Plénipotentiaires respectifs l'ont signée et y ont apposé leurs cachets.

Fait à Paris, le 20 mars 1883.

Observation. — L'article 4 de la Convention constitue une dérogation importante à l'article 31 de la loi du 5 juillet 1844 aux termes duquel une invention n'est pas réputée nouvelle lorsqu'elle a reçu en France ou à l'étranger, antérieurement à la date de la demande, une publicité suffisante pour pouvoir être exécutée. D'après cette règle, comme nous l'avons vu (n° 55), l'inventeur qui, avant de prendre un brevet en France, avait demandé une patente étrangère, se trouvait chez nous déchu de son droit, lorsque le brevet étranger avait été publié en vertu de dispositions légales, ou communiqué au public.

La Convention du 20 mars 1883 met fin, pour les sujets appartenant à l'un des États contractants, à une situation qui, depuis longtemps, soulevait des plaintes légitimes. Désormais il suffit à l'inventeur, pour sauvegarder ses droits, de prendre un brevet dans l'un des pays faisant partie de l'Union ; cette demande de patente lui donne un *droit de priorité*, et il a ensuite devant lui un délai de six mois pour prendre des brevets dans les autres pays où la convention est en vigueur. Ces brevets seront valables, malgré la publicité donnée aux précédentes patentes, malgré même la demande d'un autre brevet, la publication de l'invention ou son exploitation par un tiers. Autrement dit, après le dépôt de la première patente, l'inventeur est, pendant six mois, à l'abri de toute divulgation ou de toute antériorité pouvant faire échec aux brevets qu'il prendra par la suite dans les autres États de l'Union.

Mais il est bien entendu que l'article 31 de la loi du 5 juillet 1844 continue à être appliqué dans toute sa rigueur lorsqu'il s'agit d'inventeurs appartenant aux pays qui n'ont pas adhéré à la Convention, ou bien lorsque l'inventeur, quelle que soit sa nationalité, a pris son premier brevet dans un État autre que celui de l'Union. Dans l'un et l'autre cas, l'invention ne sera pas réputée nouvelle et par conséquent ne sera pas brevetable en France si la publication de la patente étrangère ou tout autre fait de publicité permet d'exécuter l'invention.

La conférence internationale de l'Union pour la protection de la propriété industrielle, convoquée à Rome le 29 avril 1886, a soumis aux gouvernements des États qui s'y sont fait représenter des articles additionnels à la Convention conclue à Paris le 20 mars 1883 et le règlement pour l'exécution de ladite Convention (1).

(1) *Journal de droit international privé*, 1886, p. 266 et suiv.

Un protocole fut adopté par la conférence de Rome le 11 mai 1886 (1). Bien qu'il n'ait reçu en France aucune ratification, nous croyons devoir cependant rapporter celles de ses dispositions qui sont applicables aux brevets.

ARTICLE ADDITIONNEL A L'ARTICLE 5 DE LA CONVENTION DE 1883.

Chaque pays aura à déterminer le sens dans lequel il y a lieu d'interpréter chez lui le terme « exploiter ».

RÈGLEMENT POUR L'EXÉCUTION DE LA CONVENTION DE 1883.

I. *Dispositions explicatives.*

1° Pour pouvoir être assimilés aux sujets ou citoyens des Etats contractants aux termes de l'article 3 de la Convention, les sujets ou citoyens d'Etats ne faisant pas partie de l'Union et qui, sans y avoir de domicile, possèdent des établissements industriels ou commerciaux sur le territoire d'un des Etats de l'Union, doivent être propriétaires exclusifs desdits établissements, y être représentés par un mandataire général, et justifier, en cas de contestation, qu'ils y exercent d'une manière réelle et continue leur industrie ou leur commerce.

2° Relativement aux Etats de l'Union situés en Europe, sont considérés comme « pays d'outre-mer » (art. 4) les pays extra-européens qui ne sont pas riverains de la Méditerranée.

II. *Accession de nouveaux Etats à l'Union internationale.*

Lorsqu'un nouvel Etat adhère à la Convention la date de la note par laquelle son accession est annoncée au Conseil fédéral suisse sera considérée comme celle de l'entrée dudit Etat dans l'Union, à moins que son gouvernement n'indique une date d'accession postérieure.

IV. *Attestation de protection légale.*

3° Toute demande tendant à étendre un brevet à d'autres pays

(1) Les Etats représentés à la conférence de Rome sont les suivants : l'Allemagne, la Belgique, le Brésil, l'Espagne, les Etats-Unis d'Amérique, la France, la Grande-Bretagne, l'Italie, le Luxembourg, le Mexique, la Norwège, le Paraguay, les Pays-Bas, le Portugal, la Roumanie, la Serbie, la Suède, la Suisse, la Tunisie, l'Uruguay.

de l'Union devra être accompagnée d'un exemplaire manuscrit ou imprimé, de la description de l'invention et des dessins (s'il en existe) tels qu'ils auront été déposés dans le pays où la première demande a été faite.

Cette copie devra être certifiée par le service spécial de la propriété industrielle de ce dernier pays.

V. *Protection temporaire des inventions, dessins, modèles et marques figurant aux expositions internationales.*

1° La protection temporaire prévue à l'article 11 de la Convention consiste dans un délai de priorité, s'étendant au minimum jusqu'à six mois à partir du jour de l'admission des produits à l'exposition, et pendant lequel l'exhibition, la publication ou l'emploi non autorisé par l'ayant droit, de l'invention, du dessin, du modèle ou de la marque ainsi protégés, ne pourront pas empêcher celui qui aura obtenu ladite protection temporaire, de faire valablement, dans ledit délai, la demande de brevet ou le dépôt nécessaire pour s'assurer la protection définitive dans tout le territoire de l'Union.

Chaque Etat aura la faculté d'étendre ledit délai.

2° La susdite protection n'aura d'effet que si, pendant sa durée, il est présenté une demande de brevet ou fait un dépôt en vue d'assurer à l'objet auquel elle s'applique la protection définitive dans un des Etats concurrents.

3° Les délais de priorité mentionnés en l'article 4 de la Convention sont indépendants de ceux dont il est question dans le paragraphe I du présent article.

Une seconde conférence réunie à Madrid en 1891 pour la révision de la Convention du 20 mars 1883 avait élaboré quatre arrangements que le gouvernement français a soumis à l'approbation des Chambres. La commission de la Chambre des députés a, au rapport de M. Vallé, conclu à l'adoption des trois premiers arrangements et au rejet du quatrième. Les conclusions de la commission ont été votées sans discussion par la Chambre (séance du 29 mars 1892) et, après un échange d'observations entre M. Poirier et le Ministre du commerce, par le Sénat (séance du 11 avril 1892) (1).

(1) *Annales*, 1892, p. 296 et suiv.

Les trois premiers arrangements concernent la répression des fausses indications de provenance sur les marchandises ; l'enregistrement international des marques de fabrique ou de commerce ; la dotation du Bureau international de l'Union pour la protection de la propriété industrielle.

Le quatrième arrangement concernait l'assimilation des étrangers ; la définition des pays d'outre-mer ; l'indépendance réciproque de brevets délivrés dans divers Etats ; l'interprétation du mot « exploiter » etc., etc., toutes questions déjà soumises à la conférence de Rome et tranchées dans le même sens, avec quelques modifications, par la conférence de Madrid (1).

(1) Cet arrangement n'a été ratifié que par les Etats suivants : la Belgique (avec la réserve que les dispositions ratifiées unanimement par tous les Etats faisant partie de l'Union internationale seront seules mises en vigueur), la Norwège et la Suède (en tant que les dispositions de ce protocole ont été acceptées par tous les autres Etats appartenant à l'Union à l'exception toutefois des dispositions de l'article 5, relatif aux marques de fabrique) et la Suisse.

TABLE DES MATIÈRES

JURISPRUDENCE

APPENDICE

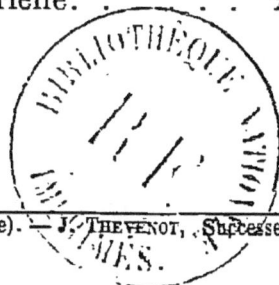

Imp. G. Saint-Aubin et Thevenot, St-Dizier (Haute-Marne). — J. THEVENOT, Successeur.

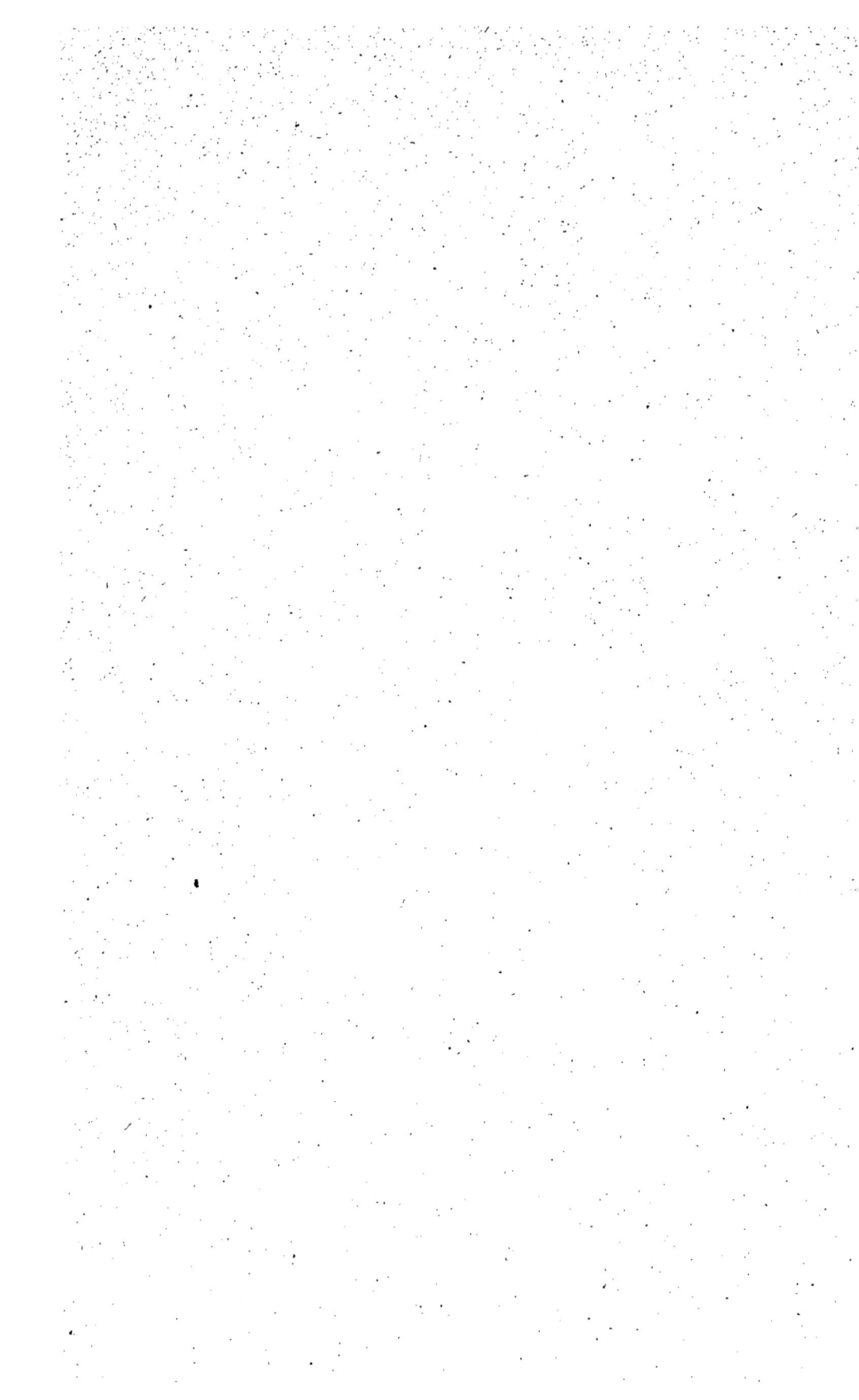

EXTRAIT DU CATALOGUE GÉNÉRAL :

Annales de la Propriété industrielle, artistique et littéraire. *Journal de Législation, Doctrine et Jurisprudence françaises et étrangères*, fondé par J. Pataille, rédigé par M. E. Pouillet, Bâtonnier de l'ordre des avocats ; H. Pataille, président du Tribunal de Vesoul, Ch. Lyon-Caen, professeur à la Faculté de Droit de Paris, avec la collaboration d'Avocats à la Cour d'appel de Paris; 41e année, tome XXXIX ; abonnements : Paris et départements : 10 fr. Etranger : 12 fr.

Annales de droit commercial, français, étranger et international, publiées sous le patronage ou avec le concours d'un grand nombre de professeurs, magistrats et avocats de France et de l'Etranger par M. E. Thaller, professeur à la Faculté de Droit de Paris ; dixième année, 1895 ; abonnements : France et Union postale : 15 fr. par an.

BRÉDIF (Emile), *Docteur en Droit, avocat à la Cour d'appel :* — **Etude théorique et pratique sur la protection des œuvres photographiques.** 1894, in-8° . . . . 3 fr.

PELLETIER (Michel), *Docteur en Droit, avocat à la Cour d'appel :* — **Manuel pratique de Droit commercial, industriel et maritime.** 1895, 2 vol. grand in-8. . . . . 24 fr.

DARRAS (Alcide), *Docteur en Droit :* — **Des droits intellectuels.** — **I. Du droit des auteurs et des artistes dans les rapports internationaux** (*Ouvrage couronné par la Faculté de Droit de Douai et par l'Académie de législation*). 1887, fort vol. in-8. . . . . . 12 fr.

FAUCHILLE (Auguste), *Avocat, Docteur en Droit :* — **Traité des Dessins et Modèles industriels,** comprenant le commentaire de la loi du 18 mars 1806 et du projet de loi de M. Bozérian, l'étude des principales législations étrangères et des questions internationales, suivi d'une table analytique, 1882, in-8. . . . . 9 fr.

LARDEUR (Gustave), *Docteur en Droit, avocat à la Cour d'appel :* — **Du contrat d'Edition en matière littéraire.** 1893, in-8. . . . 4 fr.

PELLETIER (Michel), *Avocat à la Cour d'appel de Paris,* et DEFERT (Henri), *Avocat au Conseil d'État et à la Cour de cassation :* — **Traité de procédure en matière de contrefaçon,** in-12, 2e édition (*sous presse*).

PIC (P.), *Professeur agrégé à la Faculté de Droit de Lyon :* — **Traité élémentaire de Législation industrielle, — 1re partie : Législation du travail industriel,** 1894, in-18 . . . . 6 fr.

POUILLET (E.), MARTIN St-LÉON, *Avocats à la Cour d'appel,* et PATAILLE, *Président du tribunal de Vesoul :* — **Dictionnaire de la Propriété industrielle, littéraire et artistique,** répertoire analytique des *Annales de la propriété industrielle, artistique et littéraire,* 1887, 2 forts volumes in-8 . . . . 30 fr.

Imp. G. Saint-Aubin et Thevenot. — J. Thevenot, successeur, Saint-Dizier (Haute-Marne).

www.ingramcontent.com/pod-product-compliance
Lightning Source LLC
Chambersburg PA
CBHW070801270326
41927CB00010B/2237